U0472501

明室

Lucida

照 亮 阅 读 的 人

共同体的基础理论

[日] 大塚久雄 著　周雨霏 译

共同体の基礎理論

上海文艺出版社
Shanghai Literature & Art Publishing House

目 录

改版说明

一、此次改版限于对错字漏字等的修正，以及对引用文献的一些更正。为了使之更加通俗易懂，对语言表达也进行了若干改动。但对内容未进行任何变更。

二、如第一版的“序言”所述，本书当初是作为1952和1953年度东京大学研究生院社会科学研究科经济史专业的课程讲义草稿写成的，因此，第一版的扉页上印有副标题“经济史总论讲义稿”。十五年过去了，不论是对著作本身，还是对作者而言，这一副标题几乎已失去了最初的意义。所以，自第二版开始删除了上述副标题。

三、若说得夸张一些，本书最初暗含了这样的意图，即构建有关资本主义以前的（如果不谈社会主义，那就是资本主义以外的）各种社会结构的经济学，或至少是经济学理论框架的一部分。相对这一宏大的课题，笔者深知自身能力微薄，但至今仍未完全放弃上述目标。在条件允许的情况下，笔者还打算一点点地继续进行探讨。

大塚久雄

1970年2月15日

第一版序言

一、本书为笔者在东京大学研究生院经济史专业开设“经济史总论”课程时，使用的讲义草稿中的一部分。出版时稍做了润色，并在最小限度内追加了注释与参考文献。本书仅是非常简单的素描，充其量不过是暂定稿。

二、从十几年前到现在，笔者的研究兴趣始终是资本主义诞生与发展的历史。从另一个角度来看，资本主义的诞生与发展过程，正是旧有的封建制消亡的过程。“共同体的解体”是其中的一个重要环节。因此，若想研究资本主义发展史，我们无论如何也无法绕开“共同体的解体”这一问题。此处所谓的“共同体”当然是“封建共同体”（即“日耳曼共同体”）。但是，为了彻底厘清共同体逐步解体的全过程，有必要采取更广阔的视野，重新将“共同体”的本质，以及共同体生成和解体的各种原因**作为一个整体，在理论层面进行把握**。笔者从以上主旨出发，在本书中选取了各类“共同体”理论中符合经济学视角的那些学说，做一简要介绍，并尝试以笔者个人的方式对其进行整理。因此，本书的叙述虽然有经济史的色彩，但本质上多少应当被划分为经济理论类的研究。而且笔者也希望读者将本书看作经济理论类的简要试论。此外，畏友川岛武宜、高桥幸八郎、松田智雄等人在此问题上，对笔者有许多直接或间接的启发，在此对诸位表示感谢。

三、此讲义草稿本未计划出版，承蒙岩波书店的厚意，意外得以上梓。在此对岩波书店编辑部的各位编辑，协助誊写、校正原稿的北条功、诸田实、冈田与好三位，以及研究生院的同学们表示感谢。

大塚久雄

1955年6月21日

于千駄木町居所

第一章　绪论

一

在此经济史总论讲义中，我将首先对经济史研究及叙述中必要的基础概念和理论做简要说明，跟同学们共同思考，希望对推动我们今后的研究进展有所裨益。不过，这些基础概念与理论，哪怕仅是主要部分也十分庞杂，在一年内恐怕很难讲完。或许每年稍许转换一下问题的焦点才能够继续下去。

在深入具体的论述之前，我想提醒大家注意这份讲义的性质。如上所述，本讲义介绍的虽然是经济史研究与叙述所必需的基础概念和理论，但我们要注意，绝对不可犯 Prokrustesbett（普洛克路斯忒斯之床）[①] 的错误。

① 普洛克路斯忒斯是希腊神话中的强盗，他开设旅店强迫行人投宿，

比如，“套用”一词就经常会带给我们这样的错觉。我们一定要警诫彼此，切不可将此讲义介绍的概念和理论当作“模子”，将全部史实一股脑注入其中。这不单因为讲义内容不成熟，尚需很多推敲修正，此外还有更深层的本质原因——我们所使用的概念与理论，本身不过建构于有限的史实基础之上，在某种程度上，始终仅仅是假说（Hypothese）而已。因此当然需要基于更丰富的史实，不断对其进行检讨、修正、补充与重新建构。一般说来，无论何种历史理论，都是通过对史实这一母体进行抽象化而产生的，作为母体的史实（即现实）始终远比理论的内容丰富得多。对于历史理论的这种本质性特点，我们应心中有数。

当然，话虽如此，在研究经济史时，若不具备一定程度的、关于各种基础概念和理论的正确知识，要赤手空拳闯入错综纷繁的史实森林，恐怕就如手中无灯火，却要走夜路般困难，有时甚至是不可能的。实际上我们也可想象，不了解经济学的基础知识就要研究资本主义发展史，将会是何种下场。通常，在研究经济史时要有一定的关于基础

并配合床的长度，将个高者截短，将个矮者拉长。后用“普洛克路斯忒斯之床”比喻生搬硬套、削足适履。——本书正文部分的脚注为译者注，尾注为原注

概念及理论的修养，这是不言自明的常识。本讲座也是出于此目的而开设的。只是受限于我们所论述的内容，怕同学们误解本讲义是在一味强调理论层面，所以才事先做出上述解释。不妨再做一比喻：地图是按照现实中的地形绘制的，而不是现实中的地形依照地图生成。**在读图方法正确的前提下**，如果发现二者之间**有出入**，需要修正的当然是地图，而非地形本身。本讲义中教授的各种基础概念和理论,不过是同学们进入史实的森林时需随身携带的地图。希望各位同学怀着这种心态来听课。[1]

二

本讲义暂且将论点集中于“共同体的基础理论”这一问题。众所周知，在悠久的历史长河中，人类曾先后经历了亚细亚的、古典古代的、封建的、资本主义的以及被称为社会主义的生产方式。然而**在此过程中**，以封建生产方式的解体，从另一个角度来讲，即资本主义生产方式的诞生为变革点，在某种意义上，世界史在此一分为二。也就是说，以此变革点为界，这以前的各种生产方式虽各有特殊性，但究其本质，都建立在“共同体”（Gemeinde）形态的基础上。与此相对，在变革点之后的生产方式中则完全看不到“共同体”形态。这是二者之间决定性的差别。这在我们眼下的经济史研究中具有极其重要的意义。譬如，如果我们想想以下的情形，这一点就更明确了——封建生产方式解体、资本主义生产方式萌芽的状况（所谓“资本原始积累”〔die ursprüngliche Akkumulation des Kapitals〕的基础过程），从上述观点看来，包含着“共同体”的最终解体这一重要的环节。所以我们在此讲义中，还是得将焦点置于“共同体是如何解体的”这一问题上。这需要充分的准备。这里我们首先在**一般**意义上对“共同体”的本质、各种形态及其生成、解体的原因等论题做一概览。而且需要声明的是，我并不打算在此提出什么新的见解，仅**以我自己的方式**对先前研究中公认的权威学说进行整理和归纳。

另外，我在此先对“共同体”（Gemeinde）[2]一词的用法提出一两点说明。仅在我们常见的范围内，这个词也存在广义和狭义上的各种不同用法。其中一种是指阶级出现之前的原始共同组织，与“原始共产制”（Urkommunismus）语义基本相同。类似的用语例子有“随着阶级分化，‘共同体’逐步解体”等。但此讲义中采取更广义的用法。这里既包括上述“原始共同态”（ursprüngliche Gemeinschaft）及其历史背景，也在更广阔的意义上囊括

“共同组织”（Gemeinwesen）之整体，其构成了直至封建社会末期，历史上相继出现的各种生产方式——其中当然包括阶级分化——的基础和框架。[3]比如，想一想研究史上众所周知的亚细亚的、古典古代的以及日耳曼的“共同体”这几种形态。我们推测，在理论层面以及某种程度上的实证层面，这几种“共同体”在形成初期都处于无阶级状态；但随着时间的推移，其内在的必然性导致阶级分化，“共同体”自身转化为支撑阶级关系的基础结构，直到各种生产方式解体。从这个角度看来，“共同体”在资本主义以前的各种生产方式中拥有的地位，理论上和商品生产与流通在资本主义生产方式中的基础性地位相仿。[4]总之，如果采取这种用法，就不能简单地说“随着阶级分化，‘共同体’逐步解体”。在此讲义中，我们所谓的“共同体”是指后一种更广义的用法。实际上，如果不采取这种广义用法，“原始积累与共同体的解体是同一个过程的不同表现”之类的说法显然就毫无意义了。[5]

注释

1 因此，本书注释中所提到的参考书目，除了必要的引据出典外，仅列出听课的同学可以配合课程阅读的简单易懂的文献。

2　在本讲义中，“共同体”是对“Gemeinde”的翻译。与此相对，“Gemeinschaft”被译为“共同态”，“Gemeinwesen”被译为“共同组织”。[①]

3　就管见所及，在之后将要引用的马克思与韦伯的文本中，提及“原始共产制”时，所使用的并非“共同体”（Gemeinde）一词，而是“共同态”（Gemeinschaft）。即便如此，“共同体”（Gemeinde）与“共同态”（Gemeinschaft）也并未完全区别开来。至少后者作为前者本质性的一面，始终在某种程度上包含在前者内部。这里“共同组织”（Gemeinwesen）一词与前面两个词基本算是同义词。这些用语的具体含义会在下文中逐渐得到说明。

4　《资本论》第一卷，第109页及以下；第三卷，第936页及以下（页数依照阿多拉茨基版，下同）。

5　以上是贯穿于Karl Marx，*Formen, die der kapitalistischen Produktion vorhergehen*，Berlin: Dietz Verlag，1952的用法，如第27、35—36页（マルクス:《資本制生産に先行する諸形態》，飯田貫一译，岩波書店，第40页、第52页及以下）。

① 韩立新指出，德文中Gemeinde、Gemeinschaft、Gemeinwesen词义相近，但又有严格区别。在中文第二版《马克思恩格斯全集》中，Gemeinde常被译为“公社”，而Gemeinschaft常被译为“共同体”，Gemeinweise有时被译为“共同体”，有时被译为“社会联系”。韩主张三个概念在中文中均译为“共同体”。参见韩立新:《马克思历史理论的新解释：关于望月清司〈马克思历史理论的研究〉的译者解说》，《现代哲学》2009年第4期，第19—25页。为保留大塚原文的风貌，此译本忠于大塚的译法。

第二章　共同体及其物质基础

第一节　土地

三

所谓“共同体”，究竟是一种怎样的社会关系呢？它又是建立在何种物质基础之上的呢？一般来说，我们必须先从这些问题入手。

先让我们从经济学领域的研究成果中寻找上述问题的线索。诚然，经济学本来的研究对象是近代资本主义社会及其内部的构造与运动规律。但是，在分析与理解资本主义社会的过程中，经济学通过**比较资本主义社会**与此前的各种社会，同时也**厘清了**后者的构造。这可谓是经济学研究的学术副产品。在这里，我要指出此类学术副产品中的两点重要见解。

第一,《资本论》的第一卷伊始分析“商品”的章节中,间接地指出了**与“商品”相比**,在资本主义之前的各种社会中,社会“财富”的形态在本质上完全不同,而且支撑这种财富再生产的生产关系是“共同体”。[1]“社会分工是商品生产存在的条件,虽然不能反过来说商品生产是社会分工存在的条件。”(55)意思就是,在资本主义以前的各种社会,“各种有用劳动”并不“**作为**独立生产者的**私事**而各自独立进行”(56)(强调为引者所加)。社会分工以“共同组织”的方式形成,因而生产的“财富”便直接社会化。这时,在“共同组织”的框架内,“劳动的自然形式,劳动的特殊性是劳动的直接社会形式,而不是像在商品生产基础上那样,劳动的一般性是劳动的直接社会形式”。(95)[①] 为慎重起见再说一句,即使如此,在一部分情形下,商品生产**总是**或多或少地以某种方式存在着。但与“共同体”这一主要社会关系相比“仅处于从属地位”。

第二,同样在《资本论》第三卷,马克思对资本主义地租进行理论分析后,**作为对比**还揭示了资本主义以前的各种社会中地租的历史规定性,即地租为剩余劳

① 中译文见马克思:《资本论》第一卷,《马克思恩格斯全集》(第二版)第四十四卷,中共中央马克思恩格斯列宁斯大林著作编译局编译,人民出版社,2001。引文后的括号中标有对应页码。

动一般的正常形式。此处还指出，在资本主义以前的时代，“土地”或者“土地占有”（Grundeigentum）作为主要生产条件，与其他动产的所有权相比，具有压倒性优势。另外，马克思还进一步做了如下叙述[2]：“……在真正的自然经济中，大领地（引者按：这里也可置换为“土地”〔Grundeigentum〕一词）的产品和剩余产品，绝不单纯是农业劳动的产品，其中也包括工业劳动的产品。”①稍加说明的话就是，在这种类型的社会里，只有“土地”（Grundeigentum）在不同程度上总体性地构成了在土地上进行的一切劳动活动的“主要生产条件”。与之对应，“土地”表现为“财富”的总体基础，或者说原初形态，其中一切种类的劳动生产都处于“自然形态”，因而一切个别的“财富”都“以特殊性”“直接”包含在其中。

“土地”（Grundeigentum）可谓是“财富”的总体基础，它构成了“共同体”得以成立的**物质基础**。而且，如下文所述，“共同体”首先占有的对象正是土地。我们必须先确认这个基本事实，再进入下一步。那么，“土地”（Grundeigentum）究竟是什么呢，我们又应当如何理解它

① 中译文见马克思：《资本论》第三卷，《马克思恩格斯全集》（第二版）第四十六卷，中共中央马克思恩格斯列宁斯大林著作编译局编译，人民出版社，2003，第888—889页。

呢？我认为我们首先有必要深入考察这个问题。另外还有一点，“土地”这个词总是带有近代观念的色彩，不如时不时出现的“大地”（Erde）一词在我们脑中引起的意象更妥当。更进一步来讲，“土地”（Grundeigentum）就是组成了一定的社会、持续进行生产的人们所占有的那一部分“大地”，是作为生产的原始客观条件的“大地”。[3]

四

我们所谓的“大地”（水亦包含其中），对人类来说，在本质上不仅提供了居住的地方，而且也是储藏了粮食与其他现成生活资料的天赐大仓库。在人类开始劳动过程之前，作为生产活动的前提，他们先要占有自然赋予的上述生活手段。如果我们上溯历史，着眼于原始时期的所谓“采集经济”（Sammelwirtschaft）时代，毋庸置疑，大地是一切之源头。但在历史上，大地在人类劳动过程中所具有的意义，当然不仅仅停留于生活手段的**天赐**大仓库这一点。这就是说，对于人类独自的、完全独自的生活过程，即生产活动（= 劳动过程），大地表现为一种为其提供必要的各种**原始**客观条件（原始生产资料）的集合。在这种情况下，所谓**原始**，指的是不经人类加工，直接不加修饰地由自然赋予。也就是说,并非劳动的成果,而是自然本身。因此，正如威廉·配第（William Petty）所言，“正如土地（Land）是财富之母，劳动则是财富之父”。土地就是自然本身，它包括了生产所必要的**原始**客观条件。或者从材料的角度来看，在土地上展开的**一切**生产活动，其基础客观条件都**以原始的形态**包含于**自然**之中。因此，土地可以被称作各种原始生产资料的天赐大仓库。作为生产活动的前提,人类占有“大地”(Erde)的各个小块。以这种方式被占有的“大地”就是“土地”(Grundeigentum)。

如此一来，首先对劳动着的个人来说，“土地”是自然给予他们的劳动场所。而且“土地”不仅是天赐的实验场，也成了一个大仓库，提供生产活动不可或缺的原始劳动资料。我们可以想象一切通过劳动直接从大地获取的东西，譬如水中可捕获的鱼、原始森林中可采伐的木材、可采掘的矿石等等（当其因劳动与大地分离时，**立即**转化为派生的消费资料与原料）。而且，“土地”也是原始劳动资料的武器库。譬如,人们用来掷、刺、打、切的石材或木材,都是自然给予的,都来自“土地”。然而,正如马克思所言,“劳动资料的使用和创造是人类劳动过程独有的特征”，那么“劳动过程只要稍有一点发展，就已经需要经过加工的劳动资料”。[1] 同样，如其所述，“劳动资料正是人类劳动力发展的测量器”。随着劳动生产率的提升，派生的、**被生产出的生产资料**（劳动工具、原材料和辅助材料），尤其是**经过加工的劳动资料**，在种类与数量方面都逐步升级。即便如此，只要我们现在尚在讨论“共同体”成立的物质基础，换言之，只要是在“共同体”的生产力发展阶段内，上述派生的、**被生产出的**劳动资料，与**被生产出的**劳动对象（原料）以及消费对象，就尚呈现为包裹在**大地母亲怀中**，也就是“土地”中之状态。与此相对应，在生产力发展的这一阶段，劳动主体在一定程度上仍是**自然的**个人——正因其是**自然的**个人，所以必以某种形式属于某个“共同组织”——依附于作为自然劳动对象的**大地**。也就是说，个人不得不以**直接**对其进行劳作的方式与土地发生关系。因此，就连人类本身也与**大地**密切相连，只能被看作生产的非有机条件，或者多多少少作为**大地的附属物**，与家畜一样，被列为客观的自然万物。这可谓活的和活动中的人与其劳动对象——自然——之间的**原始、直接的统一**。也可谓人类尚且依偎在大地母亲怀中的状态。诚然，在历史进

① 中译文见马克思：《资本论》第一卷，《马克思恩格斯全集》（第二版）第四十四卷，第 210 页。

程中，随着劳动生产率的提升，作为劳动主体的人类，与作为“劳动力发展的测量器”和“社会关系的指示器”的劳动资料一起，**逐渐脱离**大地母亲的怀抱，开始具有独立的形态。然而，我们不能忘记，不论是劳动力还是劳动资料，只有等到原始积累这一过程结束，才与大地**完全分离开来**。这样的话，只要我们现在讨论的是“共同体”成立的物质基础，那么“土地”便**在某种程度上**包含一切的生活资料、生产资料，甚至是作为劳动主体的人，它以**天赐的**“仓库”或是“宝库”（Hort，treasury）的面目出现。[4] 此外再提一句，作为劳动主体的人与作为劳动资料的土地，**二者的分离程度**在下文的考察中将被看作导致“共同体”的诸形态间发生差异的原因之一。

五

如上所述，“土地”作为“共同体”成立的主要物质基础，它是内部包含着诸种原始生活资料的自然本身，以及自然的诸组成部分。人类在其中不仅获取了各种原始的生产资料，也获得了经过一定程度的劳动加工而成的生产资料；而且除了生产储备，人类还得到了消费储备。在我们现在所讨论的这一生产力发展阶段，人类进行再生产，不再是**只能通过紧密附着于**“土地”勉强维持自我的生活，而是能**充实地**进行再生产。因而将“土地”比喻为“天赐的宝库”应当是恰当的。实际上，对于构成“共同体”的诸劳动主体（=诸个人）而言，这一宝库或是被看成神赐，或是被当作君主的恩惠，**在不同程度上**被理解为卡里斯玛[①]。

印度河神，富有众物；
马匹车乘，衣裳款式；
镶金首饰，制作精美；
食物充足，毛料繁多；
斯拉摩树，为数不少；
吉祥圣河，庄严佩戴；
蜜养鲜花，香风飘溢。[5][②]

然而在现实中，这个“宝库”只有通过使人类“满头

---

① 希腊语 χάρισμα（khárisma），原意为“无偿给予的恩赐”或“恩赐的礼物”，马克斯·韦伯后将此术语引入政治学与社会学研究。此处应按原意理解。

② 此段引文来自《梨俱吠陀》的《印度河神赞》，《梨俱吠陀》第十卷，第七十五曲，颂九。中译文见巫白慧译解《〈梨俱吠陀〉神曲选》，商务印书馆，2010，第240—241页。后面第二段引文由译者自行译出。

大汗”的辛苦劳作才能被打开，而且必须被打开。因此，正如在古代犹太人那里一样，它也可以被理解为“魔咒的本源”。这点暂且不论。总之，作为劳动主体的人（=被纳入共同组织的诸个人）**直接**占有这座宝库，并且凭自己的“劳动”这一钥匙打开宝库的大门。

给牛挂犁，再套上轭；
向着大地，播下种子；
吾人吟赞，谷物丰收；
挥起镰刀，田间收获；
牛拉着犁，划过大地；
再套上轭，贤者献上祷告，
天神们保佑作物丰收吧。[5]

“共同体”的物质基础首先就是对“土地”[6]的占有。“共同体”——无论是原始共同体，还是在历史进程中，形态发生进一步变化的共同体——**直接**占有土地，将土地作为自己生活以及社会关系再生产的物质基础。换言之，由诸个人组成的单纯的“共同态”,通过这种对“土地”的占有，形成了内容更加丰富的“共同体”。也就是说，在近代以前以“共同体”为基础的各种生产方式中，这种意义上的“土地”占有，或者被占有的“土地”（Grundeigentum）始终以某种姿态，构成包括全部“财富”的最原初形态。

另外,关于“土地”的这种宝库特性,还想再附言一句。我们应当很容易推测，在历史进程中，当劳动过程发展到一定阶段（譬如随着人类过渡到**定居生活**），人类就逐渐无法从自己**直接**占有的“土地”上获得所有必要的生活资料了——无论是必需品还是奢侈品。这样一来，首先在土地肥沃程度、地下资源以及其他条件方面，就产生了地域间的差异。我们可以想一想，盐、青铜、铁、家畜与谷物等，从历史上很早的时期开始就成了“共同体”间交换的对象。接着，“共同体”之间的商品交换在一定程度上展开，被称作货币的东西——**虽然形式尚很朴素**——就应运而生。这是很久以前的事情。货币诞生后，特定“土地”上欠缺的种种物资,以潜藏的方式被包含在“货币”之中。如此,货币弥补了“土地”宝库之不足。“货币”作为“土地”的补充物，逐渐开始积累起来，这就真成了名副其实的“宝库”（treasury）了。譬如古代东方诸国、古希腊的神殿、罗马的公立银行、中世纪封建领主和农民，以及困扰着手工业者的那些金融家[7]，我们只要想想简单的事实就多少可以了解其意义吧。这一点下文论及前期资本时，将在另外的语境下做进一步的考察。

注释

1 《资本论》第一卷，第46—47、83—84、374—376页。

2 《资本论》第三卷，第836—837页。另见第833—834页。关于这一点，参见下一条注释中的引文。

3 为慎重起见，笔者在此引用以下段落作为参考："自然形成的部落共同态……是人类**占有**他们生活的**客观条件**，占有那种再生产自身和使自身对象化的活动的**客观条件**的第一个前提。"（466）"正像劳动的主体是自然的个人，是自然存在一样，他的劳动的第一个客观条件表现为自然，土地，表现为他的无机体。"（480）"土地是一个大实验场，是一个武库，既提供劳动资料，又提供劳动材料，还提供共同体居住的地方，即共同体的**基础**。人类素朴天真地把土地看作共同体的财产。"（466）"对劳动的自然条件的占有，即对土地这种最初的劳动工具、实验场和原料贮藏所的占有，不是通过劳动进行的，而是劳动的前提。……劳动的主要客观条件并不是劳动的**产物**，而是已经存在的自然。……这就和他的皮肤或他的感官一样是他的活动的前提，这些东西在他的生命过程中虽然也被他再生产并加以发展等等，但毕竟作为前提存在于再生产过程本身之前。"（476—477）"**生产的原始条件**最初**本身不可能是生产出来的**，不可能是生产的结果。……活的和活动的人同自然无机条件之间的统一。……而**劳动**本身……作为生产的**无机条件**与其他自然物列为一类，即与牲畜并列，或者是土地的附属物。换句话说：生产的原始条件表现为自然前提，即**生产者的自然生存条件**，正如他的活的躯体一样，尽管他再生产并发展这种躯体，但最初不是由他本身创造的，而是他本身的前提。"（481—482）"外在的原始生产条件——土地同时既是原料，又是工具，又是果实。……

原始的生产条件当然包括不经劳动而直接可以消费的物品，如果实、动物等等；所以说消费储备（Konsumtionsfond）本身就是**原始生产储备**（Produktionsfond）的一个组成部分。”（485）“土地财产潜在地包含着对原料，对原始的工具即土地本身，以及对土地上自然生长出来的果实的所有权。在最原始的形式中，这意味着把土地当做自己的财产，在土地中找到原料、工具以及不是由劳动所创造而是由土地本身所提供的生活资料。只要这种关系再生产出来，那么，派生的工具以及由劳动本身所创造的土地的果实，就显得是包含在原始形式的土地财产中的东西。”(492)(强调均为原文所加)[①] 参见 Marx，*Formen usw.*，第 6—7、18—19、23—25、29、37 页等（マルクス:《諸形態》，第 7、26—27、34—36、42—43、55 页）。此外，《资本论》第一卷，第 186—188、192 页（第三篇第五章第一节“劳动过程”）也从不同的角度整理了上述论点。

4 如果放眼“共同体”的各种衍生形态，包含在“土地”中的、物质上的利害关系十分多样。譬如，马克斯·韦伯在此问题上做出了正确的论断。参见 Max Weber，*Wirtschaft und Gesellschaft*（第四版），第 199—201 页；Max Weber，*Wirtschaftsgeschichte*，第 11—14、40—41 页，第 59—70 页及以下（マックス·ウェーバー:《一般社会経済史要論》〔以下简称为《経済史》〕上卷，黒正巌、青山秀夫译，第 28—34、97—99、136—157 页）。这一点在下文论及在“共同体”的基础上展开的阶级分化的各种形态时，还要重新做一讨论。

---

① 中译文见马克思:《资本主义生产以前的各种形式》，《马克思恩格斯全集》(第二版）第三十卷，中共中央马克思恩格斯列宁斯大林著作编译局编译，人民出版社，1995。引文后的括号中标有对应页码。

5 古代印度《梨俱吠陀》中的一节。公元前1500年左右，征服占领了印度旁遮普（五河之地）地区的雅利安人所作的最古老的吠陀。根据推测，创作时间至少在公元前1000年之前。此处引文从德文译文转译，见 Heinrich Cunow，*Allgemeine Wirtschaftsgeschichte*，第二卷，第11—23页（ハインリッヒ・クノウ：《経済全史》第三卷，高山洋吉译，第1—16页）。此处通过转译引用最古老的吠陀，是因为引文生动、充实且一语中的地表现了我们要说的内容。亦有不少其他采取各种形式来表达相同内容的文献，如《ヘーシオドス・労働と日々》，太田秀通译，《都立大学人文学報》第8期。这一点在近世的**经济学史**中当然也有论及，除上文所述的配第，特别还有弗朗索瓦・魁奈（François Quesnay）。参见《资本论》第三卷，第834页及以下。

6 此处可进一步参考维达尔・白兰士（Paul Vidal de La Blache）、吕西安・费弗尔（Lucien Febvre）等法国人文地理学者的著作。虽然其观点与本书颇有出入，但十分有助于我们理解“大地”或“土地”等概念。如フェーヴル：《大地と人類の進化：歴史への地理学的序論》，飯塚浩二译，岩波文庫，上卷，尤其是第二编值得参看。

7 关于这一点，推荐参考以下有趣的小册子：アシール・ドーファン＝ムーニェ：《銀行の歴史》，荒田俊雄、近沢敏里译，クセジュ文庫。[①]

---

① 原书为 Achille Dauphin-Meunier，*Histoire de la Banque*，Presses universitaires de France，1951。日文译本1952年出版。

第二节　共同体

六

那么，到此为止，我们都在解释“土地”这一近代以前的，所谓“财富”的基础范畴。现在我要转移分析焦点，来解释一下，当“土地”的占有这一物质基础成立后，被称为“共同体”的社会关系究竟是怎么样的。这时，我们的问题首先应当以如下的方式提出。即在研究史上，通常被称作“共同体”（Gemeinde）或是“共同组织”（Gemeinwesen）的社会关系，从经济学的视角来理解，究竟应当如何界定呢？接下来的叙述将一如既往，首先从最一般的界定开始，逐渐加深理解。

与“共同体”的成立这一事实相关，我们之前已讲过，在眼下讨论的生产力发展阶段，劳动的客观条件**或多或少**带有“自然”的性质，呈现为被包含在“大地”（Erde）中的状态。与该情形完全相同，此时相对应的劳动的主观条件，也就是劳动主体（= 构成社会的、从事生产的个人），在眼下的生产力发展阶段，当然也**或多或少**带有“自然”性质，作为“自然的个人”（natürliche Individuen）[1] 出现。这种“自然的个人”**首先**零星地占有劳动的客观条件——

“大地”，**在此基础上**，自身作为劳动主体**直接**与“大地”发生关系，从而对个人的生活以及人与人之间的社会关系进行再生产。但正如上所述，作为客观条件的“大地”是一种自然的定在，因此带有一定的“原始”（ursprünglich）色彩。作为劳动主体的个人，以及他们之间结成的社会关系，因他们目前尚是“自然的”个人，也不可避免地具有一定的“原始”色彩。我们首先必须认识到，所谓“共同体”这种社会关系，从其形成过程进而至其存在的**基础**，都与这些“自然的”劳动主体本身带有“原始”色彩这一前提有着本质的、深刻的联系。顺便提一句，这里所说的“原始”——之前已做过说明——大概可以理解为这样一种状态：人类在自己的历史生活过程中，尚无法进行自我创造，而是依附于自然的给予，蛰伏在自然中的状态。或者进一步，人类已能够在“历史”的生活中进行自我再生产，但“自然”的影响或多或少依然可见。

从事着生产的、自然的诸个人将原始集团以及血缘组织从“自然”状态**直接**带入“历史”进程，其经历了从原始的“群体”（Horde，Herdenwesen）出发，发展成为具有复杂内部结构的“部落共同态”（Stammgemeinschaft）的一系列变化。那么“共同体”首先可以理解成与这些“原始共同态”（ursprüngliche Gemeinschaft，communauté primitive)[①] **在本质上**具有某种关联的社会关系。换言之，随着构成“原始共同态”的个人零星地占有“大地”，逐步将生产活动的重心转移到农耕，简单的“原始共同态”就渐渐发展为“农业共同体”（Agrargemeinde，commune agricole）。在此过程中，“原始共同态”虽然经过历史上各种人为的加工（Modifikation），但在漫长的时间里，“原始共同态”（Urgemeinschaft）这一“承袭自原型的特征”（les caractères empruntés à son prototype）[2]，也就是“共同组织”（Gemeinwese）会以某种方式残存。这种以“共同组织”为基础的社会关系才是“共同体”（Gemeinde）；而且，正因残留着所谓的原始状态，“共同体”才能成为“共同体”。[3]我们来看看马克思的以下论述：“自然形成的部落共同态（Stammgemeinschaft），或者也可以说是原始群体（Herdenwesen）——血缘、语言、习惯等等的共同性，是人类**占有**他们生活的**客观条件**，占有那种再生产自身和使自身对象化的活动（牧人、猎人、农人等的活动）的**客观条件**的第一个前提。”“部落共同体，即天然的共同组织（Gemeinwesen），并不是**共同占有和利用土地的结果**，而

① 韩立新翻译为“本源共同体”，参见《中国的“日耳曼式”发展道路（上）——马克思〈资本主义生产以前的各种形式〉的研究》，《教学与研究》2011年第1期。

是其**前提**。”[4]（强调均为原文所加）换言之，原始的个人要想占有被喻为宝库的大地、通过劳动来打开宝库的大门，**首先**必须组成某种原始的共同态。因此，个人必须作为上述共同组织的一员来占有“大地”，然后通过劳动来与“大地”发生关系，而非相反。接下来，在现实的劳动过程中，上述共同组织对应各个生产力发展的阶段形成相应的形态，始终以“共同体”为单位来进行自我再生产。这些形态虽然因生产力发展阶段的差异而呈现不同的样态，但是必须指出，只要社会关系的基础仍是“共同体”这一形态，原始的共同态始终会作为某种形式的“共同组织”残留**在深层构造中**，形成所谓的社会集团性的基本**框架**。另外，众所周知，在“共同体”基础上建构的各种社会关系，始终以某种方式带着“超经济”（außerökonomisch）① 的特质。以防万一，我想提醒大家，上述事实已经深深扎根于“共同体”所具有的原始色彩中。

现在我们对以上所述再稍加说明：在研究史目前的阶段，“共同体”被认为是在世界历史发展的普遍道路中，

---

① 在《资本论》第三卷中，马克思引入“超经济的强制”（ausserökonomischer Gewalt）概念，用来形容封建时期地主通过人身依附制度来榨取小农剩余劳动的机制。参见《资本论》第三卷，《马克思恩格斯全集》（第二版）第四十六卷，第 893 页。

随着农业生产力得到一定程度的发展，原始的“血缘共同组织”（单纯的部落共同体〔Stammgemeinschaft〕）向“农业共同体”（Agrargemeinde，commune agricole）转化而形成的。在历史上，这种“农业共同体”因时间与空间不同而产生无数的差异，呈现出极其多样的姿态。这些无数的差异与多样的形态，（1）一方面当然取决于各种**原始**条件，比如部落自身的自然特性，以及被其占有的大地具有的各种各样的自然特质等，此外也受战争、迁徙等外部因素影响（这一点在论及“共同体”各种形态的形成时至关重要）；（2）另一方面，随着部落成员，也就是个人的劳动生产率的提高（显现为生产工具的发展以及在此基础上形成的社会分工），下文会说到的“农业共同体”更高级的新形态——“城市”“基尔特”等各种派生的“共同体”应运而生，这一历史发展也与上述“农业共同体”在形态上的差异相关。尤其是对于后者，作为其基础的“共同态”（如上所述，原始的血缘组织是它的**原型**〔prototype〕），随着历史发展的进程逐渐被稀释，甚至到了无法辨别其存在的程度。但即便如此，只要社会关系的基础仍然由某种形式的“共同体”构成，原始“共同态”的基干就以“共同组织”的形式仍然残留在社会的基底，构成社会的集团性**框架**。这一点必须牢记。譬如所谓“日耳曼形式”的“共同体”，它已经处于“农业共同体”最后的发展阶段，“原始”色彩已经变得**极淡**，因此指出上述的事实尤为重要。“日耳曼”共同体有时被称作“氏族部落”（Clanschaft）的“边缘状态”（Grenzfall，马克斯·韦伯语），或者原始的农业共同体解体后形成的“次生形态”（la formation secondaire）或“新共同体”（la nouvelle commune，马克思语），指的正是上述事实。无论如何，只要社会关系的根基依然是可以被称作“共同体”的结构，在本质上，作为其成员的诸个人自出生起便深陷其中的原始共同态乃至其残余，都以“共同组织”的形式持续产生着深远影响。

七

大体说来，不论是何种转化形态的“共同体”，其自我再生产都是通过占有“土地”，然后成员（诸个人）凭借劳动**直接**与土地建立关系这一过程来实现的。这一点前面已经重复说过很多次了。那么与此相关联，我们接下来要解决的问题是：被占有的对象——“土地”——的自然的以及历史形成的各种特点，是怎么样**从根本上**制约和影响“共同体”的存在形态的？而在“土地”的各种特点中，我们首先关注历史形成的特点，一边回忆上文提及的“土地”的**经济学意义**，一边来逐步进入问题。

我们已经看到，所谓的“土地”，首先是自然的诸多零散“碎片”，内部包含着诸种原始生活资料的集合。其中除了现成存在的原始**生产资料**，也包含着原始的**消费储备**，是天赐的宝库。与此相关，我希望大家能回忆起以下这一重要的论点：当人类的劳动过程有了些许发展时，“土地”这天赐的宝库，除**原始的**生活资料，还包含了通过劳动加工而获得的各种资料，甚至是人类**生产出的劳动工具**。这就是说，在我们目前讨论的生产力发展阶段，这种**通过劳动而生产出的劳动工具，不像**在近代社会中那样与“土地”分离，呈现出**完全独立的**姿态。在某种程度上，它们仍然作为“土地”的附属品，嵌在“土地”的框架之中。而且，在这种情形下，极为重要的是，“共同体”在占有“土地”作为自己生活的客观条件时，所有包含在“土地”中的各种生产资料与消费储备，尤其是**被生产出来的**，也就是**通过劳动加工的**那些，“共同体”占有它们的方式具有一些与众不同的、决定性的特征。这些特征在我们所能追溯到的最久远的历史时代就已经显现出来了。也就是说，作为财富总体的基础的“土地”，与“土地”所包含的各种**原始**（即未经劳动加工的）生活资料，**首先**是由“共同体”全体来占有（以“共同态”的方式占有或者共同占有）

的。与此相对，那些已经经过某种形式的劳动加工、作为生产活动的结果而得到的各种生活资料，它们不同于那些通过共同劳动得到的资料，它们永远是由一个个通过自己的劳动生产出这些资料的个人，以**私有的方式**来占有的（私人占有）。这一现象可追溯到极其久远的年代。其实在研究史上，人们推测，在阶级社会出现以前的“原始共同态”阶段就已经存在这种现象。而且事实上，民族学与文化人类学丰富的研究成果也是这样讲的：“在任何地方的未开化民族之间，不仅是武器和工具，人们自己生产出来的或者通过交换得来的一切使用品，都被认为是他们自己的所有物。并且，对于那些因自己的使用与需求而生产出的物品，不光是男性，已婚女性同样享有受到承认的个人所有权。”[5]再提一句，人们交换生产物这一现象在非常久远的时代就已经存在。这与上述事实也息息相关。

在这些很早就由个体私人占有、**被生产出的**生活资料中，**劳动工具**在这里要特别做一说明。不论多么简陋，**加工工具**只要存在，就说明人类的劳动过程已经开始有了相当程度的发展。更进一步，随着生产力的发展，**加工工具在种类和数量方面的增加**，其本身就形成“分工”，且逐步扩大[6]。这就是说，劳动生产率的提高表现为分工的发展，其结果是，劳动分工中的每一个个体劳动者手中不

断积累了越来越多的加工工具。在此基础上，下面将会提到，劳动工具的私人占有和积累，必须始终结合“分工”的发展来理解。另外，经常被指出的一点是，分工最古老的形态就是男女之间的性别分工。它跟加工工具的出现一样古老，显然在阶级未分化的原始共同态阶段就已经开始出现。接下来，出现了农耕与畜牧的分工，再进一步，人们开始制造“青铜”制的,以及之后的“铁”制的武器（刀）与犁、斧等工具，手工业也随之开始成为独立的行业。而且，恰好与上述生产力（= 分工）发展的过程平行，人类逐渐走过英雄时代，从野蛮状态进入文明阶段，这在研究史上是众所周知的[7]。除此之外，与白人文明接触之前的北美易洛魁印第安人，在对其的介绍中经常被当作典型的阶级出现以前的“部落”共同态（所谓的氏族社会）。关于他们的情况有这样一些信息，我在这里简要介绍一下[8]：他们之间不存在土地私有制，大家族居住的被称为“long house”（长屋）的园圃，只在被使用期间由私人占有，而不会被继承。但与土地相对，衣物、工具、武器、独木舟、餐厨具等动产由私人占有，连夫妻之间也并不共同占有这些物品。比如丈夫拥有武器、工具、狩猎用具、独木舟、衣物等，妻子拥有壶罐提篮等餐厨具、家用器具、衣物与饰物等。妻子的所有物由女儿或者她的姐妹及子女继承，丈夫的则由他的兄弟姐妹或者他的舅舅们继承。这种占有关系与以下的分工状态对应：男女两性分别有各自的生产领域。男性的生产领域大致包括战争，狩猎，捕鱼，制造武器、工具、独木舟和雪地鞋，建造 long house、木栅栏和土墙，以及其他一切开垦、伐木之类的工作；女性的生产领域包括耕作园圃与农地，采集坚果与球根植物，制作陶器、毡褥、提篮和衣服，以及烹饪等家务事。

八

当“共同体”占有作为总体“财富”之基础的“土地”，在现实中通过“土地”将自己作为“共同体”再生产出来时，由于刚才说到的“土地”的基本规定性，“共同体”内部就**不可避免地**具有了“固有的二重性”（le dualisme inhérent）。所谓“固有的二重性”，显而易见，就是土地的共同占有与劳动工具的私人占有之间的二重性。如果着眼于“共同体”的成员，也就是诸个人之间结成的生产关系，那么这种二重性就体现为以下二者的矛盾：一方面是“共同态”这种**原始的集团性**；另一方面是在其内部新形成的、与之对抗的**各种生产力**的载体，也就是诸个人之间的关系。或者换种说法，把它称作“共同体”固有的“内在矛盾”（=生产力与生产关系的矛盾）也无妨。然而，与英雄时代之前的无阶级状况相对应，生产力的发展尚处于极其低下的阶段（即原始共同态），上述“固有的二重性”或者“内在矛盾”尚处于**沉睡状态**中。这时，私人占有的**简陋**生产工具还深深地埋没于共同占有的**框架**，也就是大地的怀中，如果与大地分离就派不上任何用场。同理，这时处于自然状态的个人尚十分**幼弱**，他完全**沉睡于共同态的关系之内**，因此这时的共同组织呈现出完全基于血缘关系的“原始共同态”（la communauté primitive）的面貌。不过刚才讲过，“原始共同态”这一个标签下存在各式各样的形态。有塔斯马尼亚岛和澳大利亚本土一些发展程度极低的土著人那样的原始“群体”（Herdenwesen），也有摩尔根笔下的易洛魁印第安人那样的“部落共同态”（Stammgemeinschaft），他们经过高度发展，即将进入阶级分化。而这各式各样的形态中还存在着一系列的发展递变。我们在这里就先以将要转化为“农业共同体”（la commune agricole）的易洛魁印第安人为例，简单说明一下为各种“共同体”形态在历史中的演变**提供了所谓原型**的“部落共同态”（Stammgemeinschaft）是什么样的。[9]

在基督教传教士发现易洛魁人时，他们采取的是五六个“部落”（Stamm）结合为部落联盟的生活方式。每个

“部落”分为两个“大氏族”（Phratrie）（或者称为“胞族”〔Geschlechterbruderschaft〕）。“胞族”形成了军事上和宗教上的基本共同组织，相互之间通过母系外婚制形成所谓的 Heiratskartelle（婚姻单位）。“大氏族”又分别由许多带有“图腾组织”（Totemverband）特征的“氏族”（Sippe，Geschlechterverband）构成。譬如以奥农达加部落为例，有狼氏、海狸氏、鹬氏、龟氏、球氏、熊氏、鹿氏、鳗氏；以塞内卡部落为例，有熊氏、海狸氏、龟氏、鹿氏、鹬氏、苍鹭氏、鹰氏。每个氏族又分别由数个“大家庭”（Grossfamilie）（=Familiensippe）构成。在易洛魁人的例子中，占有“土地”的主体很明显是“部落”本身，每个部落都拥有各自固定的领地（用日耳曼历史的研究术语来说，就是马尔克）。“部落”的成员形成大大小小的村落，每个“村落”以集会所（也就是所谓的 Männerhaus）为中心，有十四至二十座所谓的 long house，在每座 long house 里，“大家庭”共同生活。作为母系社会的必然结果，“村落”内混住着属于各个“图腾组织”（=氏族）的成员。因此，“氏族”以及“大氏族”都不可能拥有自己的特别领地（=马尔克）。诸个人（更确切地说，是每个家族）对土地的利用，在本质上受到整个“部落”的制约，完全不存在“土地”的**私有制**。就连 long house 周围的**园**

圃，刚才说过，虽然由私人使用，但此时私人仅仅拥有园圃的使用权，没有继承权。虽然“氏族”与“部落”中已经出现世袭的酋长等，但他们也只不过是凭借个人的超凡魅力而被大家选出的所谓 primus inter pares（同侪之首），其具体的权能范围必须服从“部落共同态”的议事集会。

九

在“原始共同态”时期，初期的基本生产力就是**集团本身**。但是，如上所述，集团内部**生产力的进一步发展**体现为“分工”，即以**个人生产力**的新形成与扩大为形式的发展。以这种方式，随着生产力的发展，游牧生活逐步过渡到农耕生活。在这一过程中，构成“共同态”的、从事生产的**个人就在手中**积累了越来越多的“加工工具”。而且，由于分工关系是**自然形成**的，每个人手中积累的工具必然**不均等**。从性别角度来讲，工具开始集中于**男性手中**。与此同时，“固有的二重性”就不能**继续沉睡**在“原始共同态”的内部，逐渐开始与古老部落的血缘关系框架发生冲突。结果是，单纯的原始“血缘共同体”开始解体，与更高级的“共同体”（Gemeinde，commune）相适应的生产方式应运而生。这一变革，借用摩尔根著名的表述来讲，就相当于“野蛮时代的高级阶段”（Oberstufe der Barbarei）。在世界史中,所有重要的文化民族都会经历所谓的“黎明”时代，弗里德里希·恩格斯是这样描述这个过程的[10]：“这一阶段，其生产的进步，要比过去一切阶段的总和还要来得丰富。英雄时代的希腊人、罗马建城前不久的各意大利部落、塔西佗时代的德意志人、海盗时代的诺曼人，都属于这个阶段。”“一切文明民族都在这个时期经历了自己的英雄时代（Heroenzeit）：铁剑时代，但同时也是铁犁和铁斧的时代。铁已在为人类服务……铁使更大面积的农田耕作，广阔的森林地区的开垦成为可能；它给手工业工人提供了一种其坚硬和锐利非石头或当时所知道的其他金属所能抵挡的工具。”“由于采用牲畜繁殖、金属加工、纺织以及最后田间耕作，情况就改变了。……按照当时家庭内的分工,丈夫的责任是获得食物和为此所必需的劳动工具，从而，他也取得了劳动工具的所有权。……所以，根据当时社会的习惯，丈夫也是食物的新来源即家畜的所有者，而后来又是新的劳动工具即奴隶的所有者。”“可是它现在却把迄今所存在的家庭关系完全颠倒了过来，这纯粹是因为家庭以外的分工已经不同了。从前保证妇女在家中占统治地位的同一原因——妇女只限于从事家务劳动——，现在却保证男子在家中占统治地位。……这样一来，在古代的氏族制度中就出现了一个裂口。”正是以这种方式，原始的“部落共同态”（Stammgemeinschaft）内部，形成了各式各样的“父权制家族共同态”（patriarchalische Hausgemeinschaft）。接着，“父权制”（Patriarchalismus）的形成与发展就像是酵母，在其催化作用下，占有土地的主体，即“共同体”的全部结构逐渐超越“原始共同态”的阶段，转型成为高级形态的“共同体”，也就是父权制的“部落共同体”（马克斯·韦伯所谓的 Clanschaft[11] 以及 Sippenschaft）。

十

与上述的转型过程相辅相成，“共同体”得以成立的所谓物质基础，也就是“土地”的所有制度中也出现了一个我们不能忽视的决定性的变化。这就是在“共同体”“共同”（gemeinschaftlich）占有的“土地”中，与之对立的、“私人”（privat）占有的“土地”开始出现。再说得详细一点，这个过程是这样的：新形成的“父权制家族共同态”的**基地**，也就是“房屋”（Hof）及其附属“园地”（Wurt, Gartenland），被篱笆或别的东西隔了起来，被看作该“家庭”**永久的**私有财产，按照父系**继承制**代代相传（**土地私**

有制的雏形！）。这些被圈起来的土地，按照罗马人的用语，叫作“世袭地产”（heredium）[12]。与“世袭地产”的出现同步，刚才所说的共同体的“固有的二重性”终于在部落共同态的土地占有方式中显露出来。它内在于所谓“部落共同体”的土地占有关系（=生产关系）之中，呈现为其中的内部矛盾。刚才说到，马克思[13]将这种内部已经出现私有“世袭地产”现象的共同组织称为“农业共同体”（la commune agricole），将其视作“原始共同态”的“最后阶段”，即所谓高级形态的“共同体”的“原型”。马克思一方面将塔西佗笔下（见《日耳曼尼亚志》第十六章及第二十六章！）的日耳曼各部族的生产方式定义为初级的“农业共同体”；另一方面指出，这种初级的“农业共同体”在亚洲各地，尤其是在印度，直至19世纪仍有部分残留。众所周知，马克思认为这一经济基础导致亚洲的社会只见专制王朝的更迭，却未见社会的发展变化。

总之，随着初级“农业共同体”的形成，人类社会开始出现最初的阶级分化，从而进入“有文字记载的历史时代”。考虑到这一时期在历史阶段中所处的位置，初级“农业共同体”以及其内部的、可谓是**私有制开端**的“世袭地产”的形成**过程**，即使借助现存的、关于未开化民族的文化人类学及民族学的丰富知识，恐怕也很难结合世界史上各文明社会的史实来还原其具体面貌[14]。即使如此，我在这里还是想举一个能够再现该过渡期的事例。在公元前1500年到公元前1000年，居住在印度旁遮普（五河之地）地区（位于今天的巴基斯坦西部）的印度雅利安人通常被认为处于上述过渡时期。关于他们的生活，上述《梨俱吠陀》中有过记载，大概是以下情形[15]。我在这里简要介绍一下，建议大家在阅读时回想刚讲过的易洛魁人的生活，做一参考比较。从印度日耳曼的故地侵入这里的雅利安各族系由几个部落（被称作噶纳斯或迦纳斯〔ganas〕）的联盟构成。各部落由部落酋长（迦纳帕提）率领，以部落为单位占有土地。这些被部落占有的土地叫作乌利迦纳。一个部落分为数个“大氏族”（维斯）——维斯也有定居地的意思——“大氏族”又分为数个“氏族”（撒布哈〔sabha〕）。每个氏族又包含好几个“大家族”，这些“大家族”被称作达玛（意为家宅，或与拉丁语中的domus同源）或格里哈（grha）。关于他们的定居形式，一般认为是一个或数个“氏族”以“村落”的形态共同生活，一个“村落”可看成数个“家”（达玛）的集合。“家”（达玛）不单纯是居住的地方，还包括工棚、仓库、牲畜圈和栅栏等。而且尤其要注意的是，这些设施几乎都被库朗日（Numa Denis Fustel de Coulanges）所谓的“神圣的栅栏”给围起来了。以“家父”

（格里哈帕提）与其妻子“家母”（格里哈帕托尼）为中心，构成“家”（达玛）的成员包括家父的几个未婚旁系亲属、几个儿子与各自的配偶，以及未婚的女儿们。他们构成“大家庭”，经营他们共同的经济生活。从这些特征可以看出，此时已经形成了父系秩序的“父权制家族”，而且奴隶也已经在某种程度上出现。与下文将提到的著名的罗马父权制家族相比，家母的地位相对较高，因此**家父权力相对弱一些**。另外，奴隶虽不能与家庭成员享有同样的权利，但依然**被看作家族共同态的一员**。

十一

以上就是“共同体”的初级构成——原始“农业共同体”的一些情况。即使仅着眼于基本的“农业共同体”，历史上“共同体”的存在形态也不仅仅停留于这种初级状态。尤其是如上所述，由于地理、自然条件的差异，处于同一发展阶段的各个“共同体”在形态上亦会千差万别。但这个问题在此处先搁置一边。现在对我们来说更重要的是，在人类历史中，“共同体”在演变发展过程中经历了各种形态这一事实。更详细说来就是这一事实：随着“共同体”内部的生产力（＝分工）进一步发展，土地私有的契机也随之**进一步**成熟，“共同体”在这一过程中亦相继呈现出更发达的历史形态。以下就来简单说明此基本问题。私有制的雏形，即“世袭地产”（heredium）的出现，其基础是个人生产力的提高——一般体现为“共同体”内部分工关系的发展（=手工业的出现与发展）。这无疑促进了个人生产者的私人生产活动。然而这样一来，终究会与“共同体”关系产生矛盾——因为“共同体”关系本质上是建立于某种原始的集团性（=共同组织）基础之上的。在某些情形下，甚至会引发共同体解体的危险。不过在我们目前所讨论的生产力发展阶段，个人生产者的生产力还**十分弱小**，完全不足以形成私有的独立生产（=小资产阶级经济的出现）。也就是说，生产者的“私有”生产力与活动也必须依附于“共同体”“以共同态的方式”（gemeinschaftlich）占有的土地，无法离开这一基础独立存在。因此，若是“共同体”本身解体，生产者就完全无法进行个人生活的再生产（历史上，独立自由的私人生产者的出现和普及，须待所谓原始积累时代的到来！）。由于上述原因，为了维持**尚弱小的个人**的生活的再生产，“共同体”自身必须**配合客观情况，以某种新的形态**继续存在、进行自我再生产。如此一来，在生产力，以及（与此相对应的）个人的私人活动发展的各个阶段，各种各样拥有独特形态与构造的“共同体”——更进一步，与其相对应的阶级分化的各种形态亦如此——就一个接一个地应运而生。“共同体”各种形态相继产生阶段性发展，**首先，**在“土地”所有制方面表现为**私有制的不断扩大**，其形态也逐渐进化；与此相辅相成，**进一步**表现为在上述基础上建立的“共同体”在形态、构造上的变迁。根据我们已经讲过的内容应该也很容易推测出这一点。现在如果从此观点出发，十分粗略地来说的话，在研究史上人们归纳出了**三种基本形式**——当然在现实中，具体表现形式会千差万别。这里为了慎重起见，事先说一句，这三者虽在形态与构造上相异，但三者均为“共同体”，均是在“土地”被“以共同态的方式占有”的基础上形成的。因此，如下文将要论及，三者都以某种方式伴随着“公共地”（= 马尔克村社）以及“公共制约”出现。这是三者的共同特点。

这**三种基本形式**如下。首先是（1）亚细亚的形式。这里，土地占有关系中出现了私有成分，但仅限于出现了“世袭地产”（heredium）这一雏形。“共同体”的基本形态为由血缘关系维系的“部落共同体”。公共地（= 共同马尔克）仍完全处于部落的共同占有与支配之下。接下来是（2）古典古代的形式。在这里，土地占有关系中的私有成分，借用罗马人的术语来说，就是以“世袭地产”

（heredium）为基础，进一步扩大到“地产”（fundus），与作为“公共地”的“ager publicus”[①]在空间中共存且相互对抗。其“共同体”的基本形态就成为被马克斯·韦伯称为“Kriegerzunft”（战士行会）的“城市共同体”（=古代城市）。还有（3）日耳曼的形式。土地占有关系中的私有成分，按照日耳曼人的术语，采取的是“份地”（Hufe）形式，私有关系在共同体关系允许的范围内发展到极致，甚至连“公共地”（Allmende）也被**分割**给私人占有使用。“共同体”的基本形态与土地占有形式密切相关，呈现为“村落共同体”（以及“城市=基尔特共同体”）。大体上就是这三者。对这些基本形态的进一步分析，将是下文的重要论题之一，此处先不赘述。为被称为“共同体”的前近代生产方式奠基的基本生产关系，通过某种一般逻辑，或者说独特的规律进行自我再生产，在此我想笼统地对这一基本事实做一说明以结束此章。

通常来说，被称作“共同体”的这种基础生产方式，其进行自我再生产的逻辑大致如下[16]：（1）首先，构成“共同体”的诸个人（=家庭）为了维持自己的生活进行基本的活动，其大前提是**全体成员以“共同态的”方式占有“土**

① 公有地，指古罗马的国有土地。

地",在其中形成"私有领地"(=作为私人所有对象的"土地"),个人以此为据点进行生产活动,满足共同体的成员的各种生活需求。这是首要的、最基本的事实,即"共同体占有土地"。(2)然而,这种各个成员(=父权制家庭)的私人活动,是**自然出现的分工关系**的必然结果,与上述"共同体"的基本逻辑产生了矛盾与冲突。即便如此,此时的个人尚十分**弱小**,不足以独立出来进行**自由的**私有生产,因此"共同体"的框架(="共同组织")得以继续维持。在这种情况下,每个成员进行私人活动的**任意性**会受到"共同体"全体的**制约**。这就是第二个基本事实,即"公共制约"。如上所述,起到这种作用的"共同体"的框架(="共同组织")多少带有"原始的色彩"。结果,刚才所说的"公共制约"也不得不呈现为某种带有非合理的传统主义色彩的"超经济强制"(außerökonomischer Zwang)。这就是说,被称为"共同体"的生产关系进行自我再生产的基本逻辑,一定是以**某种程度上**超经济的"公共制约"为媒介的。

十二

如上所述,在被称为"共同体"的生产方式不断进行自我再生产的过程中,不论是占有作为物质基础的"土地",

还是将所有共同体成员的私人活动全部囊括其中的“公共制约”，对于这些情形，“共同体”本身（=共同组织）**首先**作为主体出现。上文中已经重复讲过多次，此时塑造“共同体”之基础的“共同组织”或多或少带有“原始共同态”留下的原初集团色彩。正是这一点决定了关于“共同体”的第三个基本事实。那就是作为再生产结构的“共同体”与塑造了资本主义社会之基础的“商品流通”不同，它不可能**呈现为覆盖整个社会的一个单一构成**（也就是集团性！）；倒像是伊壁鸠鲁所构想的**诸世界**一般，各式各样的“共同体”是有大有小的诸个部分单位，而全社会呈现为它们的集合体。如果用其他说法，一个个“共同体”成为或多或少独立的“与世隔绝的小天地”（le microcosme localisé，马克思语）——可以想想爪哇的村庄“德萨”（Desa）以及沙俄时期俄罗斯的村社“米尔”（Mir），它们是“共同体”，但同时也意味着“世界”——整个社会就由无数的小天地连结构成。或者也可以想一想涂尔干那奇警的说法：“环节组织”（l'organisation segmentaire）。总而言之，只要经济基础建立在一个个“共同体”单位上，社会的全体构成（包括其阶级分化的独特方式）就不可避免地呈现为各个“共同体”相互连结的形式[17]。

对于如何理解社会中“共同体”结构的固有法则，马克斯·韦伯提出了一些线索。他区分了“共同体”的内部与外部，明确对比了“内部经济”（Binnenwirtschaft）与“外部经济”（Außenwirtschaft），建构出了有名的“共同体”的二重性理论[18]。要点大致如下:（1）首先，“共同体”的内部过程（=“共同体”内部各个成员的生活），遵循刚才说的基本逻辑不断进行自我再生产，以“公共制约”为媒介继续维持下去。而且形成这种制约的基本原理——或者称为**基本法则**也可以——无外乎是共同体形式下的“平等”（Gleichheit）。之后在深入讨论“共同体”的各种形态时，“平等”在各种结构上的规定性与其表现形态将会是重要的论题之一。总之，这种“平等”法则（我们暂且这么称呼吧），从它超经济的特质来看，通常披着某种宗教的外衣，呈现为主观上的道德意识，给所谓的“共同体意识”奠定了基础，比如可以想一想“恭顺”（Pietät）意识。（2）如果要维持“共同体”内部各成员不断进行个人生活再生产的基本逻辑，就需要以“共同体”为单位，不断在外来的侵略与骚扰中进行自我防卫。这种情况下，“共同体”对物质基础，也就是土地的**垄断性占领**（=封闭），以及在此基础上维持“共同体”成员的生活，就具有高于一切的优先性。这样一来，内与外就严格区分开来。借用韦伯的话来说，“共同体”对其外部是“封闭”（schließen）

的。这样一来，即使“共同体”**之间**能够产生**共通的**利害关系，但绝不可能存在**共同的**利害关系。因此，对于某一个“共同体”的成员来说，其外部的个体——当然也包括**其他**“共同体”的成员在内——是处于“共同体”的“制约”与“保护”之外的“异乡人”（Fremde，foreigner），在某些场合还可能被看作潜在的“敌人”（这就是意识中“对内道德”〔Binnenmoral〕与“对外道德”〔Außenmoral〕的二重性结构）。关于这一点，可以联想一下古典古代城邦之间那种**赶尽杀绝**的惨烈战争，或是中世纪的村落、基尔特间为了抢夺地盘而发生的你死我活的争斗，大致就能理解了。（3）那么，当整个社会成了一个由无数这种具有二重性结构的“共同体”构成的集合体，在这些作为构成单元的“共同体”之间，显然就产生了一种处于“共同体”的制约之外的社会真空地带，正如伊壁鸠鲁的神只存在于“诸世界的空隙”（Intermundien）中。如果哪一个“共同体”的成员遭到“放逐”（ex-communication）（想一想所谓的“村八分”①！），他们就成为字面意义上的 outlaw（法外之人），被抛弃到社会的真空中，孤立无援。这里没有“共同体”的制约，同时也完全处于“共同体”的保护外。

① 前近代日本的村落社会中，与秩序破坏者进行集体断交的惩罚行为。

因此就多少成了一种 homo homini lupus（凡人皆狼）① 的关系。想一想印度被称为“不可接触者”的贱民（pariah）和古典古代的战俘的命运就明白了。这里我想特别指出一个重要事实：在历史上，正是这种“共同体”之间存在的所谓社会真空地带，成了前期资本（商业资本或高利贷资本）成长与活动的固有领地。[19] 因此，所谓“资本的原始积累”（包括其历史前提——小资产阶级经济的出现和普及），必须通过克服“共同体”组织以及伴随它的社会真空地带，即经济上的结构二重性才能开始。也是由于这个原因，随着资本主义的发展，前期资本的各种形态逐渐消亡。不过，我会在下文讲到别的问题时再对此做深入讨论。

注释

1 参见 Marx, *Formen usw.*, 第 23 页及以下（マルクス:《諸形態》，第 34 页及以下）等。②

2 K. Marx，Briefe an Vera Zasulič，Konzept III，*Marx-Engels*

---

① 拉丁语短语，指人与人在自然状态下会形成相互为狼的关系。

② 中译文见马克思:《资本主义生产以前的各种形式》,《马克思恩格斯全集》(第二版)第三十卷，第 480 页及以下。

Archiv，第一卷。[①]

3 虽然本书使用了费迪南德·滕尼斯（Ferdinand Tönnies）开创的 Gemeinschaft—Gesellschaft 这一众所周知的用语，但不能简单地将此处所谓的"共同体"看作 Gemeinschaft 的对应物。必须指出，在内部，各种形式的 Gesellschaft 式的关系已经作为本质要素混入其中（Vergesellschaftung！）。即使如此，Gemeinschaft 的构成，也就是集团性这一**框架**，尚且残留（Vergemeinschaftung！）。"共同体"在本质上就是靠上述**框架**来支撑的。马克斯·韦伯对"共同体"（Gemeinde）的理解大致是在这个方向上进行的拓展。参见 Weber，*Wirtschaft u. Gesellschaft*（第四版），第 199—201、215—218 页（这里需要注意滕尼斯与韦伯在该问题上的分歧。参见フェルディナント·テンニエス:《ゲマインシャフトとゲゼルシャフト》，杉之原寿一译，岩波文庫，第一章与第二章）。

4 Marx，*Formen usw.*，第 6—7 页（マルクス :《諸形態》，第 6—7 页）。[②]

5 参见 Cunow，*Allgemeine Wirtschaftsgeschichte*，第四卷，Schlußbetrachtungen，第 414 页等（クノウ :《経済全史》第八卷，第 201 页等）；F. Engels，*Der Ursprung der Familie, des Privateigentums und des Staates*，Werke XXI，第 160—161 页（エンゲルス:《家族·私有財産·国家の起源》，戸原四郎译，岩波文庫，第 210—211 页）以及 Weber，*Wirtschaftsgeschichte*，

---

① 中译文见马克思:《给维·伊·查苏利奇的复信》，《马克思恩格斯全集》（第二版）第二十五卷，中共中央马克思恩格斯列宁斯大林著作编译局编译，人民出版社，2001，第 477 页。

② 中译文见马克思:《资本主义生产以前的各种形式》，《马克思恩格斯全集》（第二版）第三十卷，第 466 页及以下。

第 40—41、208—209 页（ウェーバー：《経済史》上卷，第 95 页；下卷，第 69 页）。上述库诺的引文中出现了“所有物”及“个人所有权”等用语。这里应该不是指严格意义上的“私有制”（Privateigentum）。下文将要讲到，这里充其量仅是指“私人占有”这一**事实**。在当时的生产力发展阶段，还未出现所谓的“私有制”等概念。因为个别私人所占有的生活资料，尚无法从其母胎“大地”中分离出来，**成为独立意义上的**“财富”。下文将提到，“私有制”在“土地”**被永久性地**“私人占有”之后才登上历史舞台。

6 “分工”问题是本讲义接下来的主题之一。关于“分工”问题，这里不得不省去详尽的文献列表，暂列出以下三点：（1）Karl Marx、Friedrich Engels，*Die Deutsche Ideologie*，I. Feuerbach，Werke III（マルクス＝エンゲルス：《ドイツ・イデオロギー》，古在由重译，岩波文庫；《フォイエルバッハ》，岡崎次郎译，《世界大思想全集》，“マルクス”所收）。此篇请务必参看阅读，尤其是需要充分重视“自然形成的分工”（naturwüchsige Teilung der Arbeit）这一概念。[①]（2）在马克斯・韦伯的社会学中，分工具有基石般的重要性。韦伯未对此进行系统论述，但以下文献屡有涉及：Weber，*Wirtschaft u. Gesellschaft*（第四版），以及 *Wirtschaftsgeschichte*（ウェーバー：《経済史》）。此外，关于分工还可参见以下有趣的著作，伊藤迪：《分業論と社会政策》[②]。（3）另外还可参考 F. Tönnies，*Gemeinschaft und Gesellschaft*（テンニエス：《ゲマインシャフトとゲゼルシャフト》）；K. Bücher，

---

① 中译文见马克思、恩格斯：《德意志意识形态・费尔巴哈》，《马克思恩格斯文集》第一卷，中共中央马克思恩格斯列宁斯大林著作编译局编译，人民出版社，2009，第 512—587 页。

② 京都：关书院，1954。

Die Entstehung der Volkswirtschaft，两卷（カール·ビュッシャー：《国民経済の成立》，権田保之助译）以及 Emile Durkheim，*De la division du travail social*（エミール·デュルカイム：《社会分業論》，井伊玄太郎译）。

7 参见 Weber，*Wirtschaftsgeschichte*，第 49—52 页（《経済史》上卷，第 115—119 页）；Engels，*Der Ursprung der Familie, des Privateigentums und des Staates*，第 152—159 页（エンゲルス：《家族·私有財産·国家の起源》，第 209—216 页）。

8 参见摩尔根的著名论述：Lewis H. Morgen，*The Ancient Society*，1871（ルイス·モルガン：《古代社会》，荒畑寒村译，角川文庫）。另见 Engels，*Der Ursprung der Familie, des Privateigentums und des Staates*，第三章（エンゲルス：《家族·私有財産·国家の起源》，第三章）；Cunow，*Allgemeine Wirtschaftsgeschichte*，第一卷，第七章，特别是第 196—198 页（クノウ：《経済全史》第一卷，第 214—216 页）。

9 关于易洛魁人的情况，除前引书以外，此处特别可参考 Cunow，*Allgemeine Wirtschaftsgeschichte*，第一卷，第 187—193 页（クノウ：《経済全史》第一卷，第 203—210 页）。

10 Engels，*Der Ursprung der Familie, des Privateigentums und des Staates*，Werke XXI，第 34 页、第 58 页及以下、第 156 页及以下（エンゲルス：《家族·私有財産·国家の起源》，第 37 页、第 72—73、213—214 页）。①（追记：在户原译本中，Wildheit 作“野蛮”，Barbarei 作“未开化”，跟本书中的译法正好相反。

① 中译文见恩格斯:《家庭、私有制和国家的起源》,《马克思恩格斯全集》（第二版）第二十八卷，中共中央马克思恩格斯列宁斯大林著作编译局编译，人民出版社，2018，第 41、70—71、190—191 页。

不过也没有必要为此专门变更本书的翻译，因此依旧使用本书一般的译法。）关于恩格斯的引文，这里稍微提一句。恩格斯**几乎完全无视青铜时代**，也就是古代东方世界，而仅仅围绕作为英雄民族的印欧民族来展开讨论。这一点当然需要修正。不过，除了“铁器”外，即使把“青铜器”也纳入考察范围来分析当时农具和其他劳动工具的发展，恩格斯对于上述过渡期的理解也是十分准确的，因而在此引用。此外还可参见 Weber，*Wirtschaftsgeschichte*，第 53—54、60 页（《経済史》上卷，第 121—122、137 页）；G. トムソン：《ギリシャ古代社会研究》上卷，池田薫译，特别是第四章；每日新聞社版《世界の歴史》第一卷《歴史のあけぼの》，第 144—250 页；第二卷《東洋》，第 5—33 页等。

11 Max Weber，*Die römische Agrargeschichte usw.*，第 125 页，注释 7。包括这一点在内，下文将对“父权制”（Patriarchalismus）进行详细论述。此处暂且请大家注意马克斯·韦伯对此所做的精彩描述：Weber，*Wirtschaft u. Gesellschaft*（第四版），第九章，4. Abschnitt, Patriarchale und patrimoniale Herrschaft（ウェーバー：《支配の社会学》第一卷，世良晃志郎译，第九章第四节“家父長制的支配と家産制的支配”）的开头几页。

12 关于“世袭地产”，下一章将会做出详细说明。这里的内容参见以下著作：Cunow，*Allgemeine Wirtschaftsgeschichte*，第二卷，第 39—48 页（クノウ：《経済全史》第三卷，第 35—46 页）。此外，为了更好地理解圈地行为的意义，建议阅读 Fustel de Coulange，*La cité antique*，1864（フェステル·ドゥ·クーランジュ：《古代城市》上卷，田辺貞之助译，第二编，特别是第六章与第七章）。此书极富意义。

13 Marx，Briefe an Vera Zasulič，Konzept I、III，*Marx-Engels Archiv*，第一卷，以及《资本论》第一卷，第十二章第四节，特

别是第 375 页及以下。对于该论点的批判，参见福田德三:《唯物史観経済史出立点の再吟味》上册，第五章。

14 库诺整理了文化人类学或民族学的丰富成果，在这些问题中试图揭示“世袭地产”出现的历史脉络，参见 Cunow，*Allgemeine Wirtschaftsgeschichte*，第一卷（クノウ:《経済全史》第一、二卷）。在第一卷的基础上，库诺还试图在第二卷（クノウ:《経済全史》第三、四卷）中描述文明社会的各民族（印度、罗马、日耳曼和凯尔特）在文明的曙光时代的情形。此书**观点鲜明**，即使有若干其他的缺点，也依旧是一部出众的著述。此外，关于凯尔特人的论述，可参见 August Meitzen，*Siedlung und Agrarwesen*，第一卷。

15 Cunow，*Allgemeine Wirtschaftsgeschichte*，第二卷，第一章，特别是第 18—26 页（クノウ:《経済全史》第三卷，特别是第一章,第 9—20 页）。19 世纪印度的所谓“民主型”村落的问题，将在下一章进行论述。

16 参见 Marx，*Formen usw.*，第 5—6、10—12、18—19、21—22 页(マルクス:《諸形態》,第 6—7、14—16、26—27、30—31 页)等。此外，关于这个问题请务必参看以下著述: Werner Sombart，*Der moderne Kapitalismus*，1916，第一卷第一册，第 29—39 页；以及韦伯对桑巴特“Bedarfdeckungsprinzip”（需求满足原则）提出的正确批判，参见 Weber，*Wirtschaft u. Gesellschaft*（第四版)，第二部分第二章。

17 由于这一关系，“共同体”的成长与分裂，也就是所谓“脱离蜂窝”(essaimement)的事实就成了问题。这个问题将在下文论“共同体**间**的分工”时进行详细论述。

18 Weber，*Wirtschaft u. Gesellschaft*（第四版），第 201—203 页；Weber，*Wirt-schaftsgeschichte*，第 300—315 页（《経済史》下卷，

第 234—258 页）。

19 《资本论》第一卷，第 93 页；第三卷，第 362—363 页。

第三章　共同体与土地占有的各种形式

第一节　亚细亚的形式

十三

正如之前所讲，历史上的“共同体”之所以呈现出各种不同的形式，被认为主要是由以下情况造成的：（1）自然条件（其中包括已经讲过的客观条件，以及所谓的人种概念这类主观条件）导致不同地域的“共同体”呈现出无数极其复杂的地域性差异；（2）在这些复杂的情况背后，可以辨别出“共同体”循序渐进发展的各个阶段。这在研究史上已经被反复论证过多次。由于本书的问题设定，只能对第一点割爱，不做进一步讨论。以下的内容主要聚焦于第二点，也就是“共同体”的各种形式在历史进程中如何循序渐进地发展，对力图分析辨别“共同体”基本形式的各类学说做一介绍[1]。目前关于“共同体”的基本形式，最具权威的说法是分为亚细亚的 → 古典古代的 → 日耳曼的（封建的）这三种。[2]因此，第三章将聚焦这三种不同的基本形式，一边梳理主要的事实，举例说明每一种形式的基本特点，一边力求**在理论上做出解释**。

那么，前面也说过，如果想根据主要史实来辨别“共同体”的三种基本形式以及它们各自的特征，我们首先必须**正确地坚持以下两个基础视角**。也就是说，一般要观察与确认上述“共同体”内在的“固有的二重性”的萌芽在各基本形式中的存在方式，其中最核心的评价标准是以下两点。（1）共同体内部**土地私有**的发展程度。这一指标直接反映了生产力发展以及社会分工（＝各种生产力的分化）的程度。因此，**土地**私有的状况形成了“共同体”作为特定生产关系的一个积极侧面。从这个角度来看，“共同体”也是一种**社会分工体系**，可以被看作其在特定历史背景下的存在形式。（2）与之对应，基本共同态的变迁以及“共同体”内部构成的情况（＝尤其是血缘关系的紧密程度）。通常的“共同体”都继承了原始的血缘共同态之谱系，因此具有某种**原始的**、超经济的框架（＝共同组织）。这就形成了“共同体”作为特定生产关系的消极侧面，这一点我们已经看到了。**土地**的私有，加上“共同体”各成员私人活动的发展,二者相辅相成,决定了“共同体”具有的**“共同态”这一侧面**会呈现出怎样的面貌(=尤其是血缘关系的紧密程度)。对应各个阶段,基本共同态呈现出部落→城市→村落这一演进路线。

在接下来的部分,我们力图始终正确地保持这两个基础视角,来观察“共同体”的三种基本形式,**从理论角度**解释它们的各种特征。首先,我们来看一下“亚细亚的形式”。

十四

共同体的第一种基本形式被称为“亚细亚的形式”。叫这个名称不仅因为它是所谓亚细亚生产方式的基础,还因为几千年来,它与亚洲悠久的历史有着深深的联系。但**从正确的理论角度讲**,它并非仅见于亚洲诸国,而是在世界所有地区都能见到的“农业共同体”的第一个阶段(=原初形式)。除去世界各地现存的各自然民族,在世界史的进程里,构成西欧凯尔特民族旧制度的共同体,以及奠定南美著名的旧秘鲁印加文明之基础的共同体[3],都属于这种“亚细亚的形式”。但在世界史中,对于“亚细亚形式”的共同体来说意义最大的,是在近东(底格里斯–幼发拉底两河流域的美索不达米亚地区，以及尼罗河流域的埃及）、黄河下游地区，以及印度河流域形成的古代专制国家的基础结构。遗憾的是，对于这些人类历史上最古老的阶级国家，我们无法追溯到它们形成的早期阶段，用**实证**的方法来厘清作为其基础的共同体之基本结构。因此我们只剩以下两种方法来探究“亚细亚共同体”的基本结构：（1）依靠民族学和文化人类学丰富的实证成果来了解现存的各自然民族中，“亚细亚共同体”的基本情况[4]；（2）依靠世界史上比近东国家晚很多的史实，譬如英国与其他国家的历史中凯尔特民族的旧制度[5]，或亚洲一些国家直到晚近仍残存的最古老的村落制度等等，研究这些共同体的情况。

不过正如我刚才所说，我们这篇讲义的目的是正确地**介绍和说明**关于“共同体”的**各种基础理论**，所以不得不忍痛割爱，略去翔实的史实叙述。只是眼下为了理解基础理论，有必要举一两个典型事例来辅助说明。这里作为典型事例，讲一下 19 世纪中期印度河流域的旁遮普地区（现位于巴基斯坦西部）仍残存的“农业共同体”[6]，以此为线索做进一步说明。马克思曾说过这样的话[7]：“这些简单的生产有机体，为揭示下面这个秘密提供了一把钥匙：亚洲**各国**不断瓦解、不断重建和经常改朝换代，与此截然相反，亚洲的**社会却没有变化**。这种社会的基本经济要素的结构，不为政治领域中的风暴所触动。”[①]（强调为原文所加）提醒一下，上述印度的共同体构成了马克思所说的这种生产有机体的原型。

十五

在印度河流域的旁遮普地区，自吠陀时代以来，诸多不同的民族在此地经历兴亡。尤其是 8 世纪以后，穆斯林的统治给原先的土地制度带来了巨大的改变。但即便如此，我们从英国殖民地官员的报告中得知，在德里区的古尔冈（Gurgaon），或阿姆利则区的古尔达斯普尔（Gurdaspur）这种边境地区，由于生活条件在本质上没有发生太大变化，固守着古老印度教信仰的各个部落到了 19 世纪中期还沿用着太古以来的一些习惯法及其古称。

我们先来看一下古尔冈地区。居住在这里的各个印度教部落都由好几个被称为“格茨”（Goth）的大的血缘集团构成。其实在这里，按照我们一直以来的用语，所谓“格

① 中译文见马克思：《资本论》第一卷，《马克思恩格斯全集》（第二版）第四十四卷，第 415 页。

茨”究竟是部落（Stamm）还是氏族（Sippe），其界限比较模糊。不过考虑到这些血缘集团的规模不断由小壮大或由大衰退变小，上述二者之间的区分呈现流动状态，不管用哪个词都不影响问题的核心。此处为了避免与现在的用语产生冲突，就暂且使用“部落”一词吧。

这种大血缘集团“格茨”在家长制的统治结构下，采取 agnatisch［父系的］，也就是男系的组织架构。子女留在父亲所属的“格茨”，冠该部落的姓氏。女子遵从外婚制嫁给其他“格茨”的男子时，要离开父亲所属的“格茨”，归属丈夫的“格茨”。“格茨”又分为数个更小的血缘集团，通常被称作“阿尔”或者“通巴”。每个“阿尔”又分为好几个叫作“加尔”或“坎旦”的大家族（＝或宗族）。

“共同占有”土地的主体是作为大血缘集团的“格茨”。每一个“格茨”都有自己固有的领地。属于同一个“格茨”的人们在本“格茨”的领地内以阿尔为单位各自组成村落，居住在其中。有时候一个“格茨”全体形成一个村落。村落与其周边的地区构成了所谓的“村马尔克”（Dorfmark 或 innere Mark），在这里，各个大家族（或宗族）分别居住在“被围起来的”住宅，住宅除了包括仓库、马厩、工棚，还有园圃（Wurte）和一些附属的耕地。这就是说，按照我们眼下的用语来表述的话，此时已经出现了“世袭地产”

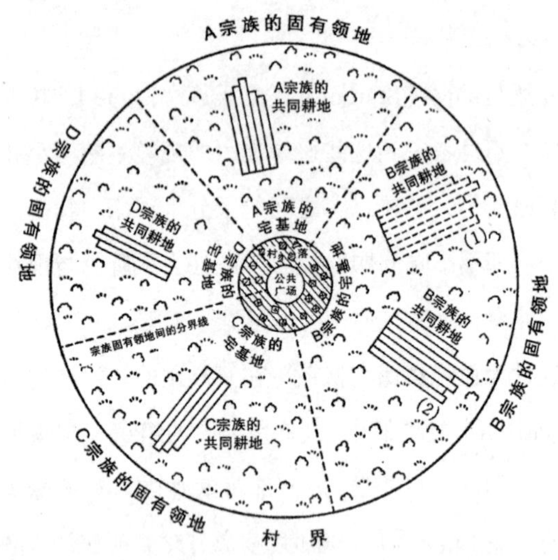

图 1　马达加斯加岛上塔纳拉人（Tanala）的村落形态推测图。各大家族（＝宗族）根据能力与需求占领相应规模的土地。引自馬淵東一编:《人類の生活》，第 164 页。

（文献里采用的是“tenement”一词），而且显然是男性世袭的私有地。不过土地、家畜以及其他重要动产的分配，必须征得所有家族成员的同意，这一点连家长也不例外。

在“格莰”的领地内，除了上述“村马尔克”以外，其他所有的土地构成“格莰”全体的“共同马尔克”（gemeine Mark 或 äußere Mark），被称作“夏弥拉特”或者“伊拉卡”。使用这些“夏弥拉特”，即“共同马尔克”要遵循什么样的原则呢？通过古尔达斯普尔地区的例子，我们就能看得很清楚。在“格莰”全体（＝家长会议）的监督和管理之下，各大家族(＝宗族)的首领按照以下的方式拥有**平等的权利**：夏弥拉特的一部分被当作耕地由各大家族占有，但基于“格茨”全体的决定，这些地时不时地在各大家族间**重新分配**。如果哪个大家族（＝宗族）因发展壮大，对土地的需求增加，经过村落全体（＝家长会议）的批准，他们也可以开垦新土地。当意见出现分歧时，**少数服从多数**。这种情形下，土地按照各家族的能力与需求进行再分配，显然符合马克斯·韦伯所谓的“实质平等”(materielle Gleichheit)(参见图1)。在现实中，这种“实质平等”原则在村落全体的监督下严格执行，如果断定占有的土地大于实际需求，多出的部分将被没收；而且，分配的耕地只能作为耕地来使用。“格茨”的所有成员都可以使用“夏弥拉特”内的牧场。对森林的采伐需要经过全体成员的同意，而且在过去，只允许因个人用途采伐（譬如用于建造房屋、篱笆，制作农具，或当柴火），禁止贩卖。不过个人种植的树木属于个人，这与古代日耳曼的马尔克的Bifangrecht［荒地处分权，请参见本书第86页、第98页注25以及第109页］类似，这一点很有意思。这意味着各个家族可以将“村马尔克”内私有领地（＝“世袭地产”）附近的土地据为己有。如果是小范围，可自行操作，而涉及大范围土地的话就必须按照少数服从多数的原则经过全体成员表决。

十六

如上所述，即使是在19世纪中期的印度，这种原始状态的“农业共同体”也仅仅存在于极个别的边远地区。一般而言，由于王朝兴衰更迭，各种统治形式的交替对阶级分化造成了不同的影响，因此不同地区的共同体呈现为不同类型。这是众所周知的事实，此处暂且不一一介绍各种类型了。马克斯·韦伯根据巴登–鲍威尔（Baden-Powell）的叙述，对印度“农村共同体”的基本特征所做的史实归纳意义深远，我在这里要介绍一下。[8] 附加一句，这里根据我们的问题意识，将原文的论述顺序稍微做了调整。

（一）在最古老的时代，土地占有权的合法来源若非开垦即为征服。

（二）因此，部落（Stamm）（有时是其分支大氏族〔Phratrie〕）自认为是其占领地的所有者，并起而抵御外来的侵犯（马克斯·韦伯在其他地方指出，这时在村马尔克内部，私有的园地〔Wurthen〕也广泛出现了[9]）。

（三）**古代的**印度村落并没有（也不必然会有）像欧洲那种作为农民所有地（Hufe）之一部分的“公共地”（Allmende），以及对应的“共有权”（Allmendrecht）——

此乃土地过剩与大氏族团体依然延续的结果。

（四）**村落全体的**集体共耕（volle Feldgemeinschaft 或 Agrarkommunismus）并非印度原始的（引者按：历史学能够追溯的最古时期的）农业制度，也不是后来的农业制度的基础。

关于最后一点，马克斯·韦伯在别的地方[10]还指出，我们所设想的“原始”（primär）的“村落共同体”（Dorfgemeinde）在后来的时代中也有部分残留。与此相关，韦伯还写道：“印度的农地区划方式并不是德国那种 Gewanne（耕区）与 Streifen（垄地）交错的形态，即 Gemengelage（混合耕地制）。世袭地产往往是按地质的差异分割成区块（有时进行轮作），但大体而言是范围甚广且不按面积比例计算的区块。个人拥有的耕具数量决定了他可以配得耕地的多寡。由于农地原来非常充裕，因此没有测量的必要。……为了平均生计（Nahrung）所需，也有重新划分土地的情形。”

十七

考虑到上述各种事实，我们来整理介绍一下各种关于“亚细亚”农业共同体之基本特征的学说。大约可归纳如下[11]：（1）在“亚细亚”共同体中，部落或作为其构成部分的血缘集团是**共同占有**土地的主体。换言之，“部落”（Stamm）组织成了构成共同体支柱的**基本共同态**；因此，“亚细亚形式”的共同体按其特征，完全可被看作“部落”共同体。当然，在这类“部落”共同体内部也形成了村落、家族等**次要的**共同态。尤其是**父权制**“家族共同态”（Hausgemeinschaft），相比**原始**血缘共同态的阶段，其变得更为重要。结果，“部落”共同体的内部构成本身有时会出现父权制大家族（或家族集团）的联合体[12]，例如“扩大成为部落的家庭，或通过家庭之间互相通婚而组成的部落”①。但我们要记住，“亚细亚共同体”就是部落共同体。（2）然而，在部落共同体**共同**占有的土地（部落马尔克）上，由各个家庭**永久地以私人方式占有的土地**，也就是“世袭地产”（即“房屋和附属园地”〔Hof und Wurt〕）已经广泛出现。并且其出现的前提是，超越了**原始的**家族内原生分工的生产力（尤其是手工业）已发展到一定程度。因此可以说，其对应的正是父权制家族显著形成的阶段。（3）但即便如此，在“亚细亚形式”的共同体中，永久地以私

① 中译文见马克思：《资本主义生产以前的各种形式》，《马克思恩格斯全集》（第二版）第三十卷，第466页。

人方式占有“土地”（**私有制**）仅仅以“世袭地产”的形式停留在初级阶段。“财富”的基本形态，即“土地”的**主要部分**为“共同马尔克”，**直接**由“部落”共同体自身以“共同占有”（＝部落**公有制**）的方式所有。各个家庭最多仅被允许个别使用（＝临时的私人占有）。这一事实或许与比较重要的**“共同劳动”**（包括大家庭或家庭集团的共同耕作、共同开垦，建造灌溉设备等村落、部落规模的共同劳动）有些许关联。但无论如何，“财富”的基本形态，即“土地”的私有制仅停留于“世袭地产”这一形式，在部落“公有制”的大海中露出了头。“土地”的主要部分，不管是耕地、牧场还是其他，都沉没在“公有制”的深海中，这就使得“亚细亚共同体”看起来“不存在土地私有制”。（4）上述情况也意味着，部落的“公共制约”对共同体的**个人**成员具有**压倒性的强力**作用。也就是说，个人在强力制约下被迫从属于共同体，“单个人对共同体来说不是独立的”（马克思语）。这一方面形成了“亚细亚共同体”得以延续的强韧基础，另一方面也构成了所谓“普遍奴隶制”（allgemeine Sklaverei）这一特殊的、**亚细亚的**阶级分化的起点（请想想希腊化时代的私人领域“idia”，以及之后时代的俄罗斯村社“mir”）。但无论如何，在“亚细亚形式的共同体”中，以“世袭地产”的确立为基础，不单纯受“（部落的）血缘关系束缚的自由人”（马克思语）之间的生产关系已初露端倪。这一点我们不能忽视。

关于最后这一点，也就是随着“世袭地产”的确立，部落共同体内部**单纯靠血缘**维系的关系被打破，**开始**形成“不受血缘关系束缚的自由人”之间的社会关系（用韦伯的术语来说，就是 Vergesellschaftung［社会化］），这从某种角度来说，能够明确显示“亚细亚的形式”在“共同体”发展的历史上所处的位置以及阶段（＝它与原始共同态相比的**进步**之处，以及所谓的“亚细亚共同体”的**停滞性**）。印度的农业共同体内部的分工关系因《资本论》有涉及而广为人知[13]，这种分工的状态就可以被看作上述事实的典型例子。

如上所述，在印度村落的内部[14]，除了“部落”本来的成员，也就是村民以外，还存在一些“村落的手工业者”，他们也得到了一定的“附属园地”（Wurt）以及耕地，定居在村落里，为村民们做一些所谓“计件活儿”。也就是说，通过给“部落”外的手工业者分配“村落”内的世袭地产，纯粹的血缘关系已经开始受到明显的破坏。而且，这些手工业者作为全体村民的所谓“公共工匠”（用韦伯的术语来说就是“圣役”〔Demiurgie〕），被顺利整合到部落共同体的组织与制约之中。顺便提一句，印度村落中的“公共工匠”，除了铁匠、木匠、陶工、银匠等手工业者外，还包括理发师、洗衣匠、僧侣、教师及各种行政人员，这是众所周知的。依据《资本论》的说法，规定共同体内部分工关系的稳定比例及其延续的“规律”在这里“以自然规律不可抗拒的权威起着作用”，如此一来，“这些自给自足的共同体不断地按照同一形式把自己再生产出来”，被认为是导致“亚洲的**社会没有变化**”（强调为原文所加）的基础。[①] 这或许意味着以下两个事实：（1）“亚细亚形式”的共同体的形成条件是**共同体内部**出现**一定程度的分工**。（2）但为了让“亚细亚形式”的共同体能够不断延续下去，必须以某种方式来阻止共同体内的分工超越某一界限。——在印度的村落，**共同体内部的分工**与以种姓制度的形式固化的“部族之间的分工”（interethnische Arbeitsteilung）相结合，通常认为其比例与形态**如化石般**一成不变。另外，与此相关的问题还包括在亚细亚的几个专制国家中明显存在的“部族之间的分工”（譬如在古埃及！），其遵循的规律实际与共同

① 中译文见马克思：《资本论》第一卷，《马克思恩格斯全集》（第二版）第四十四卷，第 414—415 页。

体内部的分工迥异，因此下文将在探讨另一个语境中的“共同体之间的分工”时对此做进一步说明。

注释

1 因此，将一切差异都还原为**民族特性**的见解，以及眼下颇风行的**反进化论**学说，都在讨论范围以外。或者说，本书的观点本来就与这些见解立场迥异。但这并不意味着我赞成单纯的定向进化观。我的立场在解释产业资本形成的社会谱系时就已经表明，目前没有改变。

2 将这三种基本形式明确指出来的著述无疑是马克思的《资本主义生产以前的各种形式》（Marx，*Formen usw.*〔マルクス：《諸形態》〕）。但是，如果不提细节上的差异和精细度的区别，做出上述三阶段划分的并非仅有马克思。譬如，韦伯在《罗马农业史及其对公私法的意义》（Max Weber，*Die römische Agrargeschichte usw.*，第49—54、125—128页）中，将“亚细亚”共同体称为Clanschaft（或称Sippschaft），与此相对，将“古典古代”与“日耳曼”共同体称作Genossenschaft，并且对后二者也做了明确区别。但正如我们在*Wirtschaftsgeschichte*的论述中看到的，在晚年韦伯的笔下，这三者之间的区别就算没有完全消失，也变得很模糊了。

3 关于有趣的印加共同体，这里暂且列一项先前的研究：Cunow，*Allgemeine Wirtschaftsgeschichte*，第一卷，第291—310页；第二卷，第147—155页（クノウ：《経済全史》，第二卷，第1—35页；第三卷，第168—178页）。

4 这类尝试可以参见 Cunow，*Allgemeine Wirtschaftsgeschichte*，第一卷（クノウ：《経済全史》第一、二卷）。关于民族学以及人类学领域先前的丰富研究，只能留待别的机会再讨论。优秀的综述可参见馬淵東一编著：《人類の生活》，每日ライブラリー。另外补充一句，トムソン：《ギリシャ古代社会研究》，两卷，池田薫译在这方面也很有趣。

5 关于凯尔特人的旧制度，请参考以下文献：P. Vinogradoff，*The Growth of the Manor*， 第 13—36 页；F. Seebohm，*The English Village Community*，第六、七章；Meitzen，*Siedlung u. Agrarwesen*， 第一卷，III. Nationale Siedlung und Agrarwesen der Kelten；Cunow，*Allgemeine Wirtschaftsgeschichte*，第二卷，第 62—110、250—261 页（クノウ：《経済全史》第三卷，第 62—123 页；第四卷，第 7—14 页）。

6 这里的论述参考了 Cunow，*Allgemeine Wirtschaftsgeschichte*，第二卷，第 26—33 页（クノウ：《経済全史》第三卷，第 20—27 页）。库诺此书依据英国殖民地官员 C. L. Tupper 的调查报告 *Punjab Customary Law*（Calcutta, Office of the Superintendant of Government-printing），三卷。此外，前引トムソン：《ギリシャ古代生活研究》上卷，第 141—144 页中也引用了巴基斯坦东部卡西人（Khasis）的有趣事例。关于印度的共同体，更详尽的论述可见 B. H. Baden-Powell，*The Land System of British India*，三卷，1892；B. H. Baden-Powell，*The Origin and Growth of Village Communities in India*，1908 等。另外，Max Weber，"Hinduismus und Buddhismus"，*Gesammelte Aufsätze zur Religionssoziologie*，第二卷，第 78 页及以下（ウェーバー：《世界宗教の経済倫理》，第二卷，杉浦宏译，第 143 页及以下）中精彩的论述也基于上述巴登-鲍威尔等人的研究。还有，由于被马克思引用而成名

的 George Cambell[①]，*The Modern India*，1852，福田德三博士在《唯物史観出立点の再吟味》上册中摘录了其中关于这个问题的讨论。

7 马克思:《资本论》，第一卷，第 375—376 页。

8 Weber，“Hinduismus und Buddhismus”，*Gesammelte Aufsätze zur Religionssoziologie*，第二卷，第 79 页（ウェーバー:《世界宗教の経済倫理》第二卷，第 144 页）。[②]

9 Weber，“Hinduismus und Buddhismus”，*Gesammelte Aufsätze zur Religionssoziologie*，第二卷，第 93 页及以下（ウェーバー:《世界宗教の経済倫理》第二卷，第 159 页以下）; Weber，*Wirtschaftsgeschichte*，第 37 页（ウェーバー:《経済史》上卷，第 92 页）。

10 Max Weber，*Gesammelte Aufsätze zur Religionssoziologie*，II，第 80 页及注释 4（ウェーバー:《世界宗教の経済倫理》，第 146 页、第 172 页注释 61）。

11 除去上述各文献，特别是 Marx，*Formen usw.*，第 7、21、30 页（マルクス:《諸形態》，第 8、30、44 页）外，请参见 Marx，Briefe an Vera Zasulič, Konzept I、III，*Marx-Engels Archiv*，第一卷; Marx、Engels，*Die deutsche Ideologie*，Werke III，第 22 页、第 61 页及以下（マルクス=エンゲルス:《ドイツ・イデオロギー》，第 26、92—93 页）; Max Weber，“Der Streit um den Charakter der altgermanischen Sozialverfassung in der deutschen Literatur des letzten Jahrzehnts”，*Gesammelte Aufsätze*

---

① 疑误，应为“Campbell”。

② 中译文见马克斯・韦伯:《印度的宗教：印度教与佛教》，康乐、简惠美译，广西师范大学出版社，2010，第 104—105 页。

zur Sozial- und Wirtschaftsgeschichte 等。

12 乍看上去，家族似乎是基础，部落是从家族中派生出的构成体。对于这一点，最尖锐的对立意见或许可参见 Weber，*Wirtschaft u. Gesellschaft*，第九章，4. Abschnitt, Patriarchale und patrimoniale Herrschaft（ウェーバー：《支配の社会学》第一卷，第九章第四节）。关于这一点，下文将在论及其他问题时再涉及。

13 《资本论》第一卷，第 93—96 页；トムソン：《ギリシャ古代社会研究》下卷，第 11—12 页。另外可参见 Henry Maine，*The Village Communities in the East and West*，第 125 页及以下。

14 特别可参见 Weber，*Gesammelte Aufsätze zur Religionssoziologie*，第二卷，第 93 页及以下（ウェーバー：《世界宗教の経済倫理》第二卷，第 159—160、178—180 页）；Weber，*Wirtschaftsgeschichte*，第 36 页及以下（ウェーバー：《経済史》上卷，第 92—93 页）。

第二节　古典古代的形式

十八

那么，作为共同体的第二种基本形式，我们现在要来探讨的当然是所谓“古典古代的形式”。在世界历史进程中，这种形式的共同体也曾经以种种不同面貌出现在各个时代的各个地区。之所以将其命名为“古典古代的”，是因为通常认为，这种共同体的形式构成了古代地中海周边地区，尤其是希腊、罗马的奴隶制社会的基础。如上所述，在“古典古代形式”的共同体中，构成基本共同态的是“城市”，因此有这样的说法：“古代的起点是城市及其狭小的领域，而中世纪的起点则是乡村。”（马克思语）[①] 但我们同时也看到，在研究史上也有人认为基本上可把这种“古典古代的”共同体看作“农业共同体”的第二种基本形式。上述两个论点看似相互矛盾。我们先对这个问题稍做说明，然后再展开讲一下共同体的“古典古代的形式”。

首先，我们单刀直入地摆出结论：这里说“古代的起点是城市及其狭小的领域”，不能理解为中世纪封建社会“生于草莽乡间”，而古代奴隶制社会与之不同，一开始就以我们现在**常识中**“城市”文明的姿态出现。如果按这种逻辑，地中海沿岸的古代奴隶制社会当然也只能说是起源于“草莽乡间”的。那么“古代的起点是城市及其狭小的领域”这句话应该怎么理解呢？——（1）众所周知，“城邦”国家（在希腊的历史中为 polis，在罗马则为 civitas）

① 中译文见马克思、恩格斯：《德意志意识形态·费尔巴哈》，《马克思恩格斯文集》第一卷，第 522 页。

是古代奴隶社会**典型的**社会构成。这些城邦（=polis）最初的基础是居住在一定小范围内的各个“部落”（Stamm）的联合体，以所谓的“聚居”（=Synoikismos）的方式逐渐形成聚居点。总之，“城邦”（=polis）形成的前提是必须事先存在由“部落”构成的“农业共同体”。事实上，被征服的“城邦”有时会解体为“乡村”（=diokismos）；更有甚者，在古典古代，从未以“城邦”的形式出现，一直保留“乡村”状态（如初期的斯巴达！）的情况广泛存在。这是一点。另外，以上述方式构成“城邦”（=polis）成立的一般基础的诸“农业共同体”应被称为“部落”共同体。我们在上文中所说的那种古老血缘集团的组织当然依稀可辨，但即使如此，其内部的原始血缘纽带与建立在咒术上的规划已大大弱化。而且，积极促进通过“聚居”形成“城邦”（=polis）的各种要素的萌芽也蕴含在其中——譬如战斗队形中的定居样式。从这个角度来看，这些“农业共同体”可以说已经是“半城邦”（韦伯语）了。总之我们必须认识到，以上述方式形成“城邦”的一般基础的“农业共同体”已经与亚细亚的“部落”共同体有了本质差别，否则就不可能通过“聚居”方式形成作为“共同体”的“城邦”。这是第一个重要论点。[1]（2）通过“聚居”方式，“城邦共同体”（=polis）的形成与发展大约是按照以下的阶段进行的。首先，在构成其一般基础的“农业共同体”（=部落）内部，形成包括“国王”（=basileus 或 Rex）在内的贵族（=eupatridae，patricii）。他们作为大片土地以及劳动力（=奴隶）的所有者，是完全能够将自己武装起来的“战士”（Krieger）。这些“贵族”们离开了自己的所有地，“聚居”到由防御设施保护，并且通常是市场集中地的中心地点——所谓的卫城（Acropolis）及其周边地区，形成“城邦”（=polis，urbs）。这些“城邦”发展到一定程度，就从君主制转型为共和制。这就是所谓的“门阀城邦”（Geschlechterstadt）。这种情形下，“贵族”就是享有完全权利的市民（Vollbürger），借用韦伯的术语就是“能动市民”（Aktivbürger），形成“城邦共同体”（=polis，civitas）的中坚部分。与此相对，城邦内的手工业者以及周边农村的农民们——包括具有所谓依附者（=clientes）身份的人在内——则作为“平民”（=demotes，plebis），处于从属的，即所谓 Passivbürger［被动市民］的状态。但随着希腊的主要城邦与罗马进一步民主化，“门阀城邦”转型为“平民城邦”（Plebejerstadt）[2]。这种民主化进程的基本内容，可理解为在“农村”（=deme）居住的“农民”（=demotes）与城邦内的手工业者们联手，化身为彻底武装的战士——所谓的“重装步兵”（Hopliten）（=hoplítēs parekomenoi）——上升到了与贵族同等的Aktivbürger地位（试比较一下中世纪城市的民主化过程与此的异同！）。从这个简单的事实出发，我们可以推测，古典古代的“城邦共同体”（=polis），哪怕在发展成熟时，也必须以周围一定范围的乡村作为必备基础，与其成为一体才有可能存在。因此，从它的内部构造来看，完全是**农业**与**土地占有**的关系决定了这种“共同体”的本质[3]（试比较一下中世纪城市与此的异同！）。——在下文讲到“农业共同体”的第二种形式“古典古代的形式”时，时不时会不加任何说明地引用种种关于“城邦”（=polis）的史实，大家请注意始终把以上所讲的这些要点记在脑子里。

在接下来的几个小节中，我们就以古罗马城市的相关史实为中心，以希腊城邦等的史实作为补充，在理论层面对“古典古代”共同体的基本特征做一探讨。[4]

十九

罗马的原住民romani（以下就称作罗马人）是从北方迁徙至亚平宁半岛的印欧族群中的拉丁人的一部分。大约在公元前7世纪中期，在伊特鲁里亚（Etruria）王权统治下，他们通过统合建立了罗马城。接着在公元前6世纪末至公元前5世纪上半叶，他们废除王权，建立了独立的共和制“城邦”国家。我们无法准确和详细地了解罗马人在“城邦”国家建立以前的生活状态，但可以推测，他们应该与当时居于意大利的其他族群一样，以“氏族”为单位逐渐形成“村落”（即所谓的 Gaudörfer［中心村落］），“部落”全体已进入定居状态，“村落”（=pagus）中央通常有被防御设施保护起来的“城堡”（Burg）（=oppidum，与希腊的卫城性质类似）。从之后的史实可以看出，此时作为土地占有主体的基本共同态，或许并不是形成“村落”的各个“氏族”（=gens），而是更大规模的、囊括好几个“村落”的“部落”共同体（=tribus）。或者，从建国的神话以及罗马城市后来的内部结构可以看出，罗马人跟前面说过的易洛魁人以及印度雅利安人一样，也采取部落（=tribus）→胞族（=curia）→氏族（=gens）这样的形态。然而罗马人这种最古老的共同体，显然早已不是无阶级的原始共同态，而且它也正在脱离上述“亚细亚”形式特有的、建立于血缘关系上的基本结构。也就是说，古老的“部落”共同体的风貌与渣滓会长久地残存，但在其内部，咒术的制约所伴随的原始血缘纽带已经出现明显的松弛（试与埃及的诺莫斯〔nomos〕的构成进行比较！）。用韦伯的术语来说，就是采用 magistratisch［行政区式］的组织方式。这使得土地占有方式以及家庭形态也呈现出一些特点，下文将做详细分析。总而言之，随着上述咒术 = 血缘的制约逐渐松弛，阻碍“城邦”（=civitas）这种更大规模“共同体”形成，阻碍“部落”间**联合**的内部元素就基本被清除了。请注意，这一变化不单单是共同体内部结构的变化，它也造成人们的定居形态呈现出一些特点。具体来说，以“氏族”为单位形成的“村落”（=pagus）逐渐过渡到所谓的 Pfahldorf[5]［木桩村落。土墙用木板加固，围起土地，在上面打一列桩，上部居住，下部饲养家畜。在现在意大利北部的波河流域很常见］。更进一步，如上所述，各个“村落”（=pagus）中央筑起了防御设施——“部落”的全体成员随时可躲进其中抗敌的“城堡”（=oppidum）。这就说明罗马人最古老的共同体已不再是单纯的血缘“部落”组织，而是积极地进行内部重组，以满足时刻处于备战状态的“战斗的农民们”的紧急需要。因此，在建立城市之前，罗马人基本的共同态（=tribus）——其中包含数个“村落”（=pagus）——自身构成一个“农业共同体”，它与“亚细亚”形式迥异，可谓是“按军事方式组织起来的共同体”（kriegerisch organisierte Gemeinde，马克思语）。它具有“最初……就有可能变成 Ackerbürgerstadt［农业城市］”的“半城市的特点”（halbstädtischer Charakter，韦伯语）。[6] 这种共同体就很难说是单纯原始的，或许可以说变成了"次生形态"（la formation secondaire，马克思语）。另外，不光是罗马，古典古代时期构成"城邦"国家（=polis）之基础的"农业共同体"都或多或少有类似之处。[7]

下面要讲到，古典古代奴隶制下的"城邦"国家（=polis）最初发源于全盛期东方专制国家的边境地区，继承了后者丰富的文化（=生产力）遗产。但我们不能因此忽视，先前的研究**在理论上做了以下的预设**：现在讨论的"半城市"的共同体与上述"亚细亚的形式"相比，已到达更高的生产力阶段，是作为"历史发展之产物"的"农业共同体"。因此，在它**之前的发展阶段**，一定是以某种"亚细亚形式"的共同体的存在为前提的——即使由于世界史极其复杂多样的脉络，呈现的姿态各有偏差（所谓**共时性**的问题！）。换言之，就是在一定的历史条件下，脱离"亚细亚的形式"，**重组**为具有"半城市"这种**新形式的**共同体，希腊的历史已经多少证明了这一点。[8] 虽然基本的立场不同，但马克思所谓"次生形态"（la formation secondaire）与韦伯所言"人为的形成"（künstliche Entstehung）[9] 指的正是这一事实。虽然与我们目前正在探究的核心问题——在城市建立以前的罗马，上述"半城市"的农业共同体是如何形成的——相关的具体历史事实几乎无可查证，但残留的“部落”共同体之遗制，以及这些遗制随着时代发展迅速消失这一事实，基本可以让我们确认，**至少**在拉丁姆地区（Latium）出现定居现象以前，包括罗马人在内的意大利诸民族**以某种方式**形成了由血缘关系维系的“亚细亚共同体”[10]。

如果说上述预设正确的话，那么究竟是什么样的情形，弱化了古老“部落”共同体内部的咒术 = 血缘的制约力，甚至斩断了这种联系，而促使“共同体”内部的结构转化为由随时处于备战状态的农民构成的“按军事方式组织起来的共同体”（马克思语）的呢？关于这个问题，马克思指出了以下的事实。[11]

（一）构成“部落”的“单个人的土地（Eigentum）在事实上只靠共同劳动来利用——例如像东方的灌溉渠道那样——的可能性越少，部落的纯粹自然形成的性质由于历史的运动、迁徙而受到的破坏越大，部落越是远离自己的原来住地而占领**异乡**的土地，因而进入全新的劳动条件并使个人的能力得到更大的发展，——部落的共同性质越是对外界表现为并且必然表现为消极的统一体（negative Einheit），——那么，单个人变成归他和他的家庭单独耕作的那小块土地——单独的 Parzelle（小块土地）——的**私有者**的条件就越是具备”（强调为原文所加）。

（二）当“部落”组织处于这种条件下时，“一个共同体所遭遇的困难，只能是由其他共同体引起的……因此，战争就或是为了占领生存的客观条件，或是为了保护并永久保持这种占领所要求的巨大的共同任务，巨大的共同工作。因此，这种由家庭组成的共同体首先是按军事方式组织起来的，是军事组织或军队组织，而这是共同体以所有者的资格而存在的条件之一。住宅集中于城市，是这种军事组织的基础”。而共同体的成员们，“他们的剩余时间正是属于共同体，属于战争事业等等”。[12]

上述观点极有深意，大概可简单归纳为“迁徙”与“战争”两个要点。但得给这个归纳先附加一句简要说明。那就是，我们不能割裂“迁徙”与“战争”这两个因素与其他历史因素之间的具体关联，孤立地去探讨，这样就会犯大错。如果单就事实来讲，在我们已经概览过的“原始共同态”时代，“迁徙”与“战争”就已经具有重要的意义。史前史与文化人类学的成果已经证明，通过“迁徙”与“战争”，原始共同态已经呈现出形态特征上的差异（譬如畜牧部落与农耕部落的分化）。这两个条件**本身**并不是推动“共同体”发展的基本因素。与其他形式的共同体情况相同，“亚细亚形式”的共同体这种生产关系，之所以能够进一步向上发展，最关键的因素是其内部包含的各种生产力（=分工关系）得到了发展。“迁徙”与“战争”**只有结合了这一基础因素**，才有可能影响共同体的发展走向。这一点在上面的引文中已有言及，在下一章节中将做更具体的分析。只是这里着重提起“迁徙”和“战争”，是想提醒大家注意所谓的“亚细亚停滞性”问题，这种停滞性被认为极其顽固，“如果不是由于纯粹外界的影响，亚细亚共同体是不可能解体的”[13]。

二十

根据考古学研究的发现，罗马人在定居伊始就已经进入了铁器时代。在他们的各个“村落”（=pagus）中已经混住了**铁匠**和其他手工业者。在伊特鲁里亚王权统治时期，通过商业贸易，近东的先进生产力传入罗马，手工业者的种类进一步增多。[14]这些手工业者跟我们刚才称为“部落”（=tribus）的原始“农业共同体”是什么样的关系呢？当然很难得知。但我们至少可以推测——虽然不明确的地方依然很多——被称为“平民”（=plebis）的这些人是市民阶层的源头，在日后的罗马史上扮演了主要角色。我们尚不清楚，“平民”（=plebis）最初是否是以某种形式依附于“战士氏族”（= 支配“部落”）的“客居部落”（= 依附“部落”），位于中心周围的从属位置；但至少从比较史学的角度来看，我们基本可推测，“客居部落”是其重要组成部分。总而言之，“平民”（=plebis）最初并不属于由“贵族”（=patricii）——初期的 Vollbürger——构成的“氏族”（=gens），他们是居住在其周边的、地位低一等的人，以关系相对松散的血缘集团（根据传说的话，就仅仅是“聚落”）方式生活。但值得我们注意的是，在这些“平民”（=plebis）中，除了农民以外还有很多手工业者与商人。他们其中的一部分或许混居在各个“村落”（=pagus）内部。从早期“手工业行会”（=collegia）的存在可以推测，他们中的一部分或许形成了独立的“职业氏族”。[15] 在罗马的历史上，共同体为了防御外敌、保护拥有的土地，“作为共同劳动的战争”[16] 亦必不可少。这些人就被纳入“城市”共同体内部，成为作为 Passivbürger 的“平民”（=plebis），地位也逐渐提高。众所周知，在公元前 5 世纪末至公元前 4 世纪初，塞尔维乌斯改革规定，市民在战时必须被编成“百人队”（=centuriata）。在当时的很多“百人队”中，两种手工业者（=fabri）——木匠与铁匠——各自编成一队。就这样，在“城市”共同体内部，手工业者所占人口比例逐步增大，但或许在罗马王政时代结束、共和国成立的时期，经历了一个转折点。[17] 这么说是因为，随着向所谓“重甲步兵民主制”（Hoplitendemokratie）转型，“平民”（=plebis）作为市民,政治地位有了决定性的提高（如下文所述，他们作为**土地占有者**的资格也相应得到强化）；而与此同时，手工业劳动则被看成奴隶、自由民、寄居者等从事的“卑贱劳动”，甚至是“有害的劳动”。但是，对我们的问题视角来说，十分值得注意的是，在此以前，共同体内部“手工业者”的政治地位是比较高的。[18] 换言之，从上述情形可以看出，与“亚细亚的”形式相比，“古典古代的”共同体内部明显包含了更高程度的社会分工（=各种生产力的分化）。这一点跟亚细亚形式中**所谓的**“城市”里存在的“部族之间的分工”（最极端的例子是种姓制！）必须严格区分开来。因此，“古典古代的”共同体在发展阶段上明显比“亚细亚的”形式更先进。这种进化之所以可能，或许是因为原始罗马人的共同体（=tribus）内部的血缘纽带已经明显变得松散。而且，毋庸置疑，这种“共同体内的分工”进一步发展，使得血缘纽带的松散化更加彻底。如此一来，“古典古代”形式的共同体的内部结构，不再以血缘关系为基础，而是迅速转型，变成了以地缘关系为基础（譬如罗马的部落〔tribus〕→胞族〔curia〕→氏族〔gens〕结构）。总而言之，正是伴随着这些情况的变化，古典古代的“城市”共同体逐渐具有了区别于上述亚细亚“部落”共同体的各种决定性特征。

那么我们首先必须指出以下的事实：随着上述分工关系（=各种生产力）的扩充以及体现分工关系的劳动工具——包括武器在内——**在家庭内的积累**越来越多，家庭内的“父权制支配”（patriarchale Herrschaft）愈发强大，与古代“亚细亚的”形式阶段已不可同日而语。其物质基础，即“世袭地产”（heredium）（=房屋以及园地）的“私有制”也更加稳固。从有历史记载的时期起，古老的血缘纽带在罗马人的家庭形态中就已经明显弱化，**基本上**逐步在向“小家庭制”（=单偶婚〔Einzelfamilie〕）过渡。通常认为，或多或少残存的“氏族制”以及“大家族制”（=同族组织）在此后的发展过程中逐渐淡化、消失。但同时在另一方面，古老的 patrimonial（=家族主义）温情也消失了，家庭内部“家父”（paterfamilias）的权力，亦即“父权”（patria potestas）变得异常强大。我们知道，在罗马早期历史上，“家父”对自己的妻儿与对奴隶一样，拥有生杀大权。实际上，罗马人所说的“家庭”（familia）正是位于这样强力的“父权”支配下，不光包括狭义的“家庭成员”，而且也广泛包括“家庭奴隶”（famulus）（因此，与“亚细亚的”形式不同，“奴隶”**并未被同化**为狭义的“家庭成员”！）。这一特征正是古典古代特有的“奴隶制经营”（罗马的“大地产”〔latifundium〕或者古希腊的“工场”〔ergasterion〕）——被罗德贝图斯（Karl Rodbertus）称为“庄宅经济”（Oikenwirtschaft）的那种经济组织——得以展开的根源。[19] 顺便说一下，罗马人的“父权制家庭”私有的，并且是独立、永久性占有的“房屋和附属园地”（Hof und Wurt），正是所谓的“世袭地产”（heredium）。[20] 而且，与共同体内部的血缘纽带显著弱化这一事实相对应，“世袭地产”是拥有罗马“市民”——广义上的古典古代“共同体”的成员——资格的物质象征，与“亚细亚”形式中的“房屋和附属园地”相比，罗马人的“世袭地产”从某种角度来看显然具有更重要的意义。这一点在研究史上已经讲了很多。[21] 传说罗马城的创建者罗慕路斯（Romulus）在建国伊始给所有罗马市民分配每人两尤格（bina jugera）的土地作为“世袭地产”，可谓正反映了上述事实。相比“亚细亚”形式的共同体，这时候对“世袭地产”的**独立占有**，其私有性质又更进了一步。相传第二任国王努玛·庞皮利乌斯（Numa Pompilius）命令，无论何人，但凡动了表示界线的“世袭地产”标石都格杀勿论。据说在罗马人眼中，界神特尔米努斯（Terminus）与最高神祇朱庇特一样神圣。

二十一

血缘纽带显著弱化，“世袭地产”明确形成，以及与此相应，各个成员的私人活动明显增加，这些现象当然使得“古典古代”共同体内部的土地占有关系与“亚细亚的”形式截然相异。那么,跟“亚细亚的”形式相比,“古典古代”共同体中的土地占有关系具有哪些基本特征呢？我们还是以罗马史为中心来看一下。

在早期罗马史，或者说在当时的历史潮流的发展进程中，土地占有关系的显著特征可以概括为一点[22]，即“共同体”全部的领地可以按照不同的占有形式分为两种“土地”（ager）。详细说就是:（1）作为市民的各个“家长”（paterfamilias）以独立、私有的方式占有的“私有地”（ager privatus），或者从经营的角度来讲，就是“地产”（fundus）;（2）“共同体”全体以公有的方式占有，并且**“共同体”作为所有主体**（务必与日耳曼的“总有”〔Gesamteigentum〕区别开来！）的“公有地”（ager publicus 或 ager Romanus［罗马公田］）。这两部分相互对立又相互统一。构成“私有地”，也就是“地产”之**核心与基础**的是上述“世袭地产”（= 房屋以及园地）。狭义上的“城市”（=urbus）呈现为这些“世袭地产”的集合体。“公有地”（ager publicus）是广泛分布在“城市”（=urbus）周围的“共同马尔克”，尤其是——后面还要进一步讲到——无主的、被闲置的（这时是作为“共同体”自身的所有地）森林与荒地。光从这一点来看的话，可能会让我们想起，刚才讲过的印度“部落”共同体的情况似乎与此十分类似。然而，当比较罗马的“公有地”（ager publicus）与印度村落的“共同马尔克”时，决定性的区别在于，前者已经**基本**从“部落”共同体的“血缘制约”中解放出来了。结果众所周知,在罗马有历史记载的时代，所有市民对“公有地”（ager publicus）拥有**平等的**“先占”（occupatio）权利，根据**自己的需要与能力**，可以将其中的一部分以“私有”方式占有。在初期，还仅是将“置于自己犁下”的土地围起来，进行私人使用，但逐渐过渡为对土地的完全私有。但总而言之，这种通过先占而形成的“私有地”（ager privatus）（即前面所说的“世袭地产”加上现在的“先占地”〔ager occupatorius〕）正是罗马人所谓的“地产”（fundus）。整个罗马城所有的领地都可按照这种方式分成两部分，即“私有地”与“公有地”。而且，“私有地”通过先占的方式，不断蚕食“公有地”。与此同时，“作为共同劳动的战争”不仅保卫了“公有地”，而且还不断占有新的土地，扩大原本的“公有地”。通过这种方式，在“古典古代”共同体中，古老的血缘关系维系的原始纽带基本上已经失去了它的意义。不过即使如此，“共同体”——正确来讲，是区别于个体成员的“共同态”本身——仍然以“作为共同劳动的战争”占有与保卫的“公有地”（ager publicus）的形式，呈现出**实实在在的**样子。因此，作为成员的个人也正是通过“作为共同劳动的战争”，至少让自己的**一半身体**深深没入“共同体”中。[23]

这种独特的土地占有方式，按照韦伯的假定[24]，大概是这样形成和发展的：首先，作为聚居地的“城市”（=urbus）尚未建立，罗马人仍以“村落”形式聚居，因此他们形成的**基本共同态**——用韦伯的术语来说是“氏族”（=gens），用我们的术语就是“部落”（=tribus）——内部的、以血缘关系为基础的制约力逐渐弱化，土地占有方式也开始具有上述的各种特征。上文指出，在印度西北部的原始村落，已经发现针对“共同马尔克”的“先占权”（用日耳曼的用语就是“Bifang-Recht”〔荒地处分权〕[25]）开始萌芽。在罗马人这里，以血缘关系为基础的制约力已经弱化，与此相对应，“先占权”具有了十分重要的意义。当然，对“共同马尔克”的血缘制约以及古老的使用方法肯定还残存着，但它们正在逐渐消亡。之后到了某个阶段，大概是共同的聚居地逐渐形成“城市”的阶段，各**基本共同态**（=tribus）

的全部“共同马尔克”——除了一部分残留下来的“共同牧场”（ager compascuus）以外——形成了一整个“城邦”（=civitas），罗马的“公有地”（ager publicus）被“统括为一个整体”（in einen Topf geworfen）。这样一来，可以推测，“在形式上，所有的罗马市民能够无限制地自由放牧、自由占有土地。这就诞生了法制上的平等”。而且，在这种情况下，“平民”（=plebis）最初仅仅能私人占有“世袭地产”，但在上述过程中，逐渐对“公有地”（ager publicus）也拥有了“先占权”。接下来，我们都知道，随着上述土地占有关系的形成，罗马市民不分贵族或平民，只要是富人，也就是拥有大规模“familia pecuniaque”（家奴与财产）的家长，都开始根据自己的实力肆无忌惮地不断积攒“私有地”。在这一过程中，市民之间出现显著的贫富差距，以至在公元前2世纪下半叶爆发了格拉古兄弟的土地改革运动。这一问题在此暂不做深入讨论。总而言之，随着能动的市民从血缘的制约中被解放出来，积极进行“先占”活动，“公有地”变得越来越狭小。与此同时，当然需要通过“作为共同劳动的战争”来占有新的土地，不断补充与扩大“公有地”的面积。众所周知，随着“平民”（=plebis）政治地位的提高，以及所谓“重甲步兵民主制”（Hoplitendemokratie）的确立，“城邦”

国家罗马明显地具有了侵略性，这首先就源于获取“土地”的需要。事实上，在一般情况下，据说被罗马征服的“城邦”领土的三分之二会留给原住民，而三分之一会被罗马掠夺，成为其“公有地”。“ager publicus”或“ager Romanus”这些词语，就逐渐开始意指通过征服而获取的土地。

二十二

那么根据上述基本的历史事实，通过与上述“亚细亚的形式”做比较，我们**从理论层面**再整理一下“古代古典形式的共同体”的历史特质。

首先必须指出，“亚细亚的”与“古典古代的”两种共同体之间有一种共通的特性。这就是两种情形下都有一种“平等”原则维持着“公共制约”。换言之，“平等”原则决定了“共同体”内“土地”的占有形式，而且，“共同体”及其全体成员进行自我再生产的特有的方式亦以“平等”原则为媒介。两种情况下，这种“平等”原则都呈现为“实质平等”（materielle Gleichheit）。这就是说，不管上述哪种情况，作为“共同体”成员的各**家长**（=父权制家庭）根据自身**家庭经济**能力与需求，私人占有“世袭地产”以及“共同马尔克”的一部分。但即使有上述共通特性，我们也不能忽视这两种共同体之间存在的决定性差异。（1）在“亚细亚的形式”中，血缘（=部落）集团仍构成最基本的关系形式，但在“古典古代的形式”中，这种血缘关系的制约力已经大大弱化，仅处于从属地位，取而代之的是“按军事方式组织起来的共同体”（kriegerisch organisierte Gemeinde，马克思语）或“战士行会”（Kriegerzunft，韦伯语）。这些集团构成了最基本的关系，上文已经说过。这一差异造成了“共同体”在构造上的两种决定性差异。在“亚细亚形式”的共同体中，作为私人的个体极其弱小，尚埋没在“部落”的血缘关系中。因此，以血缘为基础的“共同组织是实体（Substanz），而个人只不过是实体的偶然因素（Akzidenzen），或者是实体纯粹原生的组成部分”[26]。与此相对，在“古典古代的形式”中，**作为私人的个人与共同体相对立**，已经初步确立自我。因此，“共同体**一方面**是这些自由的和平等的私有者间的相互关系”[27a]（强调为引者所加）。（2）上述构造上的差异当然与“土地”占有形式的差异相对应。换言之，在“亚细亚的形式”中，仅有极少数“世袭地产”属于永久被私人占有（=私有）的对象，剩下的“土地”全部作为“共同马尔克”，置于血缘集团（=部落）的共同占有与制约下。即使其中的一部分被私人占有，也不会过渡为私有（=实质上的永久性私有）的形式（譬如，请想想江户时代的“割地”制度，以及亚洲“普天之下莫非王土”的思想）。相比较而言，在“古典古代的形式”中，私有的萌芽明显地有了进一步发展。具体来说，不仅“世袭地产”的**私有**性质更加明确，而且“土地”的**私有化**进一步拓展强化，通过所谓“先占权”将“公有地”（ager publicus）的一部分据为己有，形成了作为“私有地”的“地产”（fundus）。“地产”有时被称为“战士份地”（Kriegerlose），顾名思义，就是**作为战士的市民**（=为了保卫与获取“公有地”而参加“作为共同劳动的战争”的共同体成员）作为私人得以安身立命的物质基础，他与他的家庭生活建立在此基础上。通过这种“地产”的形式，“土地”的**私有**向着周边强力地扩展开来，与此相对应，在“古典古代的”形式中，“共同马尔克”也呈现出与“亚细亚的形式”明显相异的姿态。进一步来讲，除去“地产”，剩余的“共同马尔克”现在呈现为“公有地”（ager publicus），被置于按军事方式组织起来的共同体，即“城邦”（=civitas）的共同占有与共同管理之下。“公有地”（ager publicus）满足共同体全体的共同需求，并且被用来弥补战士持有的“地产”的不足，形成维持共同体的不可或缺的基础。全体市民（=共同体成员）都必须作为战士,不断地去努力保卫与开拓“公有地”（ager publicus）。反过来说,参加“作为共同劳动的战争”也确保了各市民私人占有“地产”的正当性。“古典古代”形式的共同体正是建立在这样两种相互**对抗**、相互依存、相互**补充**的“土地”占有形式,即“公有地”与“私有地”间的紧张关系之上。[27b]

最后，关于“古典古代的”形式的特点，再补充一两点。这关系到，以上两种“共同体”之间的结构差异导致其在各自基础上发生的阶级分化呈现出不同的形式。在“亚细亚的形式”中，作为私人的个体还处在非常弱小的阶段，因此“农业共同体”本身可以立即转化为“普遍奴隶制”（allgemeine Sklaverei）的基础。这一点刚才已经讲过。与此相对，“古典古代形式”的共同体的结构越是典型，作为共同体成员的个人的自立程度就越高，那转化为上述“普遍奴隶制”的可能就越小。最关键的原因在于，为了防卫与占有“公有地”，**自由的、作为私人的个人**参与“作为共同劳动的战争”，必须以各个成员之间的“自由的共同关系”为必要前提。[28] 所谓“古代民主制”的形成就体现出了这一点。结果，正如上文所述，在“古典古代形式”的共同体的基础上形成的“奴隶制”，与东方的“普遍奴隶制”完全不同，前者可以说基本呈现为“庄宅经营”（＝强大父权下的奴隶劳动之集合）。因此，在“古典古代的形式”中，随着阶级分化的发展，“共同体”（＝城市）基本成为“拥有奴隶的私有土地占有者”（＝市民）所构成的**统治阶级的组织**。但这些特点同时也**局限**了“古典古代形式”下**共同体内部的进一步分工**。刚才也提到，在奴隶制实现了某种程度的发展时，手工业经营者本身被看成配不上市民身份的卑贱、有害的存在，**手工业劳动**被留给了那些非“共同体成员”（＝市民）的人，如奴隶、自由民、寄居者等来做。与此相比较的话，接下来要讲的“日耳曼”形式的共同体，如中世纪城市的手工业基尔特（＝作为市民的手工业者）的蓬勃发展所显示，其**共同体内部的分工**进入了更高的阶段，蕴含了更多样的可能性。

注释

1　参见 Weber，*Wirtschaft u. Gesellschaft*（第四版），第 744 页及以下、第 752 页及以下、第 776 页及以下（ウェーバー：《都市の類型学》，世良晃志郎译，第 41—45、81—86、182—185 页）。トムソン：《ギリシャ古代社会研究》下卷，第 59—72 页等。——

另外，再说一句跟上述内容有关的话：在“亚细亚”共同体之基础上形成的各种社会，**绝非**找不到任何能被称作“城市”的东西。譬如，大家可以想想古埃及的行政结构诺莫斯（nomos）。更典型的是古代东方的各专制国家，它们甚至是通常所谓“城市文明”的代表。但马克斯·韦伯犀利地指出，这些亚细亚的城市，充其量仅是亚细亚“部落”共同体的某种变形（如单纯的杂居），绝对**不能说它自身形成了另一种“共同体”**。众所周知，韦伯认为，作为“共同体”的城市是西方特有的现象，在东方文明中最多也就出现了个别萌芽。在有所保留的前提下，这倒不失为一种值得倾听的观点。那么我们再看一下马克思的见解。马克思说：“古典古代的历史是城市的历史，不过这是以土地占有制和农业为基础的城市；亚细亚的历史是城市和乡村的一种无差别的统一（真正的大城市在这里只能看作王公的营垒，看作真正的经济结构上的赘疣）。”[①]Marx，*Formen usw.*，第 15 页及以下（マルクス：《諸形態》，第 21 页）。

2 另外补充一句，在古典古代时期，也有“城邦”（=polis）始终停留在“君主制”或“贵族制”阶段，未出现进一步的发展。据推测，这与**亚细亚特性的残存程度**有关。不过，帝政时期罗马的问题必须完全从另外的角度来探讨。

3 综合参见 Weber，*Wirtschaft u. Gesellschaft*（第四版），第 777 页及以下、第 780—782 页（ウェーバー：《城市の類型学》，第 185—187、196—207 页）以及前注 1 中对马克思的引用。

4 关于接下来的叙述，除了 Marx，*Formen usw.*；Weber，*Wirtschaft u. Gesellschaft*；Cunow，*Allgemeine Wirtschaftsgeschichte*，第二卷，

---

① 中译文见马克思：《资本主义生产以前的各种形式》，《马克思恩格斯全集》（第二版）第三十卷，第 473—474 页。

第36—61页（クノウ：《経済全史》第三卷，第32—61页）以外，请参见以下文献：Meitzen，*Siedlung u. Agrarwesen*，第一卷，第246—271页；Weber，*Die römische Agrargeschichte usw.*，第二、三章；Weber，"Agrarverhältnisse im Altertum"，*G. A. zur Soz.- und WG*（ウェーバー：《古代社会経済史》，渡辺金一、弓削達译）；Weber，*Wirtschaftsgeschichte*，第270页及以下（ウェーバー：《経済史》下卷，第173页及以下）；Max Kaser，*Römische Rechtsgeschichte*，第一部分；村川堅太郎：《古典古代》，《歴史学研究》第133期，第11—22页；井上智勇：《ローマ経済史研究》。英语文献有 Tenny Frank，*Economic History of Rome*（第二版），以及 Michael Rostovzeff，*History of the Ancient World*，第二卷，*Rome*。其中，前者是非常有趣的优秀著作，不过略有解释过度的感觉（譬如，过分强调与英国近代史的相似之处）。关于希腊，可参见村川堅太郎：《古典古代》，以及トムソン：《ギリシャ古代社会研究》。

5 Pfahldörfer 的详细情形可参见 Meitzen，*Siedlung u. Agrarwesen*，第一卷，第237页及以下。

6 Weber，*Die römische Agrargeschichte usw.*，第49—52页；トムソン：《ギリシャ古代社会研究》上卷，第78—88页。

7 关于这一点可参考 Weber，*Wirtschaft u. Gesellschaft*（第四版），第774页及以下（ウェーバー：《都市の類型学》，第175页及以下）以及トムソン：《ギリシャ古代社会研究》（上卷，第三、四章，以及下卷，第十章）的有趣论述。

8 虽然设定问题的方式不算太高明，但在史实考证上反复追究这一点的非汤姆森（George Thomson）莫属。参见トムソン：《ギリシャ古代社会研究》。另外可参见村川堅太郎：《原始ギリシャ人の共同体的性格》，《西洋史学》第21期；太田秀通：《ホメロスにおける英雄について》,《歴史学研究》第 155 期;太田秀通:《英雄時代のアカイア人》,《歴史学研究》第 178 期。

9 Weber，*Die römische Agrargeschichte usw.*，第 119 页。

10 韦伯在 *Die römische Agrargeschichte usw.*（第 126 页）中接受迈岑的观点，同意罗马人一在拉丁姆定居就脱离了亚细亚的形式,但在后来的著述中抛弃了此观点。关于罗马人初期的共同体，可参考トムソン:《ギリシャ古代社会研究》下卷，第 78—88 页。

11 Marx，*Formen usw.*，第 9—10 页（マルクス:《諸形態》，第 12—13 页）。[①]

12 下文在论述作为社会构成的“城市国家”时还会对这个问题做正面讨论，这里先顺便提一句，马克斯·韦伯对此问题提出了有趣的见解，即古典古代的“城邦”共同体（也包括构成其一般基础的“半城市”的农业共同体）原本是为了对抗东方诸专制国家的政治统治，在边境地区通过**自下而上的**方式形成的“防御组织”（Wehrverfassung）（想一想希罗多德《历史》的构成！）。韦伯主张，这一特点是古典古代时期，特殊的 = 西方式的“作为共同体的城邦”形成的决定性因素之一。参见 Weber，*Wirtschaftsgeschichte*，第 273—277 页（ウェーバー:《経済史》下卷，第 178—184 页）; Weber，*Wirtschaft u. Gesellschaft*（第四版），第 764 页等（ウェーバー:《都市の類型学》，第 140—142 页等）; Weber，*Die römische Agrargeschichte usw.*，第 126 页。请注意，下文中即将探讨的“共同体”的双重特征，即“抵抗的组织”与“支配的手段”也与此相关。

13 Marx，*Formen usw.*，第 32—33 页及以下（マルクス:《諸形態》，

① 中译文见马克思:《资本主义生产以前的各种形式》,《马克思恩格斯全集》(第二版）第三十卷，第 469—471 页。

第44—48页）。

14 譬如井上智勇:《ローマ経済史研究》，第163—164、173—175、178—185页。

15 对应以上诸点，关于希腊的情况，特别应参见トムソン:《ギリシャ古代社会研究》，上卷，第10页、第100页及以下、第166页及以下、第248页及以下；下卷，第27页、第37页及以下、第42页及以下、第63页及以下。

16 Marx，*Formen usw.*，第9页及以下、第12页（マルクス:《諸形態》，第11页及以下）。——富有洞察力地强调这一点的非韦伯莫属，参见 Weber，“Agrarverhältnisse im Altertum”，*G. A. zur Soz.- und WG*，第211页及以下（ウェーバー:《古代社会経済史》，第384页及以下）。

17 从此开始的一段时期内，罗马的对外贸易呈现出衰退的局面。历史学家对此的解释是:“文化的发展停滞，工业与商业的发展也相应停止，罗马变成以农业经济为主。”换言之，就是经济活动的**停滞**，甚至是向自然经济的**倒退**。参见井上智勇:《ローマ経済史研究》，第78页；Frank，*Economic History of Rome*，第36页。此种观点的确解释了问题的一个方面。但另一方面，是不是忽视了“共同体内部的分工”，以及手工业在此基础上的发展呢？如果不是手工业的发展提供了物质基础的前提，一个世纪以后，无比强大的罗马重甲步兵“方阵”就不可能出现。类似的情形请对比英国15世纪的**所谓**经济衰退。

18 参见村川堅太郎:《古典古代》，第15页及以下、第19页及以下；トムソン:《ギリシャ古代社会研究》下卷，第67—72页。——另外，在古希腊“城邦”国家的形成过程中，强调上述分工起到了决定性作用的非恩格斯莫属，请参见 Engels，*Der Ursprung der Familie, des Privateigentums und des Staates*，Werke XXI，第 111—114 页（エンゲルス：《家族· 私有財産· 国家の起源》，第 149—155 页）。[①]

19 下文中还将论及，上述亚细亚的“普遍奴隶制”（allgemeine Sklaverei，马克思语）与古典古代的“奴隶制”，二者的基础存在明确的差异。这一点需要注意。

20 关于“世袭地产”的理解并非毫无异议。涉及“世袭地产”的研究史，包括各种异议在内，可参见 Cunow，*Allgemeine Wirtschaftsgeschichte*，第二卷，第 39—44 页（クノウ：《経済全史》第三卷，第 35—41 页）。

21 “在这里，共同体组织的基础，既在于它的成员是由劳动的土地占有者即拥有小块土地的农民（Parzellenbauer）所组成的，也在于拥有小块土地的农民的独立性是由他们作为共同体成员的相互关系来维持的，是由确保 ager publicus［公有地］以满足共同的需要这一事实来维持的。共同体成员的身份在这里依旧是占有土地的前提，但作为共同体成员，单个的人又是私有者。他把自己的私有财产看作就是土地，同时又看作就是他自己作为共同体成员的身份。”[②]Marx，*Formen usw.*，第 10—11、13—14 页（マルクス：《諸形態》，第 13—14、17—18 页）。此问题在下文中还会从其他的观点论及。

22 参见 Marx，*Formen usw.*，第 10—12 页（マルクス：《諸形態》，第 12—16 页）；Weber，*Die römische Agrargeschichte usw.*，第 81 页及以下、第 119 页及以下；Weber，“Agrarverhältnisse im

---

① 中译文见恩格斯：《家庭、私有制和国家的起源》，《马克思恩格斯全集》（第二版）第二十八卷，第 131—136 页。

② 中译文见马克思：《资本主义生产以前的各种形式》，《马克思恩格斯全集》（第二版）第三十卷，第 470 页。

Altertum", *G. A. zur Soz.- und WG*，第 191 页、第 197 页及以下（ウェーバー:《古代社会経済史》，第 344—345 页、第 356 页及以下）。

23 Marx，*Formen usw.*，第 12、17 页（マルクス：《諸形態》，第 6、23 页）。"在罗马人那里，这种 ager publicus（公有地）表现为与私有者并列的国家的特殊经济存在"，以及"他们的剩余时间正是属于共同体，属于战争事业等等"。[①] 下文在探讨"日耳曼"形式的共同体时，这一点具有重要的比较史意义。

24 Weber，*Die römische Agrargeschichte usw.*，第 125—129 页；Weber，"Agrarverhältnisse im Altertum"，*G. A. zur Soz.- und WG*，第 197 页及以下、第 219 页及以下（ウェーバー：《古代社会経済史》，第 356 页及以下、第 397 页及以下）。

25 韦伯通常使用日耳曼的用语"Bifang-Recht"来描述这种现象。韦伯不时也会将其与近代英国史的情况做比较，称之为"Einhegungs-Recht"［圈地权］或"Squatter-Recht"［公有地占有权］。

26 Marx，*Formen usw.*，第 9 页（マルクス:《諸形態》，第 13 页）。

27a Marx，*Formen usw.*，第 10 页（マルクス:《諸形態》，第 13 页）。

27b "——Hufen-Land（引者按：指"地产"）是由共同体的存在而得到保障的，共同体又是由成员服兵役等等形式的剩余劳动而得到保障的。"[②]Marx，*Formen usw.*，第 10、12 页（マルクス:《諸形態》，第 13、16 页）。

28 韦伯反复指出，为了战争目的必须结成"自由的共同关系"，这对"城市"共同体内部的民主化起到了巨大的推动作用，参见

---

① 中译文见马克思:《资本主义生产以前的各种形式》，《马克思恩格斯全集》（第二版）第三十卷，第 474、471 页。

② 同上，第 471 页。

Weber，*Wirtschaftsgeschichte*，第 283—284 页（ウェーバー：《経済史》下卷，第 203—205 页）。这一点在接下来与“日耳曼的形式”进行比较时，具有重要的意义。

第三节　日耳曼的形式

二十三

前面已经时不时提到过，“农业共同体”的第三种，也就是最后一种基本形式，即所谓“日耳曼的”形式。不过，与刚才探讨过的“亚细亚”共同体的情况类似，“日耳曼”共同体这一名称现在已被广泛使用，但需要特别注意该术语的使用方式。这里先指出以下两个需要注意的要点。（1）以下所讲的“日耳曼”，意思绝对不是作为“人种”的日耳曼民族的特性（德国人所谓的 Volkstümlichkeit［民族性］！）。我们知道，承载着中世纪欧洲封建社会基础进程的，确实**主要**是日耳曼诸部落。因为此种共同体的典型形态见于这些日耳曼部落，所以称其为“日耳曼的”。如有必要，也可称其为“封建的”形式或者“封建的”共同体。在某些情况下，或许后一种说法的意思更明确。总而言之，如果遵从这种术语用法的话，只要**实证研究**能证明，承载日本封建社会基础进程的“共同体”与中世纪欧洲的“共同体”具有同样的**基本特性**,那么将前者称为“日耳曼”形式的共同体也完全没问题。(2)在以下的叙述中，共同体的“日耳曼的”形式这一术语，与“亚细亚的”以及“古典古代的”构成对比与区分，在严格意义上被用作一个表述范畴的术语。遵照这种术语用法的话，自然会出现以下情况。譬如，在历史进程中，即使是日耳曼民族形成的“共同体”,也有很多不属于严格意义上的“日耳曼的”形式。接下来要讲到,在恺撒《高卢战记》以及塔西佗《日耳曼尼亚志》记述的那个时代,日耳曼诸部落的“共同体”无论如何都不能算具备上述意义上的“日耳曼的”形式(此时尚未出现**形式上的**平等原则！)。至少是墨洛温王朝时期的法兰克人（想想《萨利克法典》！），以及后来的日耳曼诸部落那样的共同体才算得上研究史上被认可的“日耳曼的”形式。在这个问题上，作为参照经常被援用的马克思的学说，如果仔细推敲的话，其术语用法亦与此一致。[1] 在充分理解上述要点的基础上，我们接下来**从理论角度**来整理“日耳曼”共同体的一些基本特征。[2]

二十四

在中世纪早期西欧出现的"日耳曼"共同体的雏形，与在其基础上形成的封建社会一样，时不时被解释为"罗马与日耳曼的混合形式"。这本身并不能说是错误的，只是现在需要更立体地来看这个问题。依据目前的实证研究成果，我们大体上应该做如下的理解[3]：（1）在帝政末期罗马的版图内，在"城邦"（=civitas）以及"大地产"（=latifundium）的统治下，新的"共同体"作为**抵抗的组织**，"从下面"开始萌芽。但这些"日耳曼"共同体的萌芽无法自由发展，而且总是"从上面"被铲除。（2）接下来，在罗马版图内的日耳曼部落定居地，率先并且明确地出现了"日耳曼"共同体。其中**尤其**是在法兰克人的部落中，"日耳曼"共同体呈现出最典型的发展方式。[4]顺便说一句，这时的法兰克王国的中心地区为莱茵河下游流域以及现在的法国北部地区。该地区一方面农业发达，在此基础上还继承了罗马社会的手工业，尤其是制铁业；另一方面，我们应该注意到，该地区位于旧有的"城邦"以及"大地产"（=latifundium）统治力最弱的地域。[5]（3）随着法兰克王国的形成与扩张，上述"日耳曼"共同体也被传播到广袤的征服地。以这种新的"共同体"为**基础**，并且以其内部形成的阶级结构为**主轴**（想想墨洛温王朝的历史上"leudes"〔近臣〕壮大的问题！）欧洲封建社会的整体结构就这样构筑起来了。[6]

在经过上述历程后得以登上历史舞台的这种新的"日耳曼"形式的共同体，如果按照刚才设定的标准来看，具有什么样的基本特征呢？首先，我想从这一点开始介绍——在"日耳曼"形式的共同体中，古老的"部落"=血缘关系从最开始就不具有**决定性意义**。这种特征在"抵抗的组织"，即在罗马的"城邦"以及"大地产"的统治下，所谓的隶农（colonus）之间形成的共同体中十分明显，此处无须赘述。[7]但是日耳曼民族的各个部落，尤其是法兰克人的部落究竟是什么情况呢？先前的研究已经厘清了一些史实。我们知道，到了加洛林王朝时期，旧有的"氏族"（Sippe）制度虽然仍以某种形式残留，但其制约力已大大减弱，外部那些"不属于氏族的人"（Ungesippten）越来越多。于是在他们之间广泛形成了叫作"基尔特"的次生"誓约兄弟团体"（Schwurbrüderschaft）——所谓的"古代基尔特"，取代了古老的"氏族制度"。"日耳曼"共同体作为一种特有的土地占有关系，继承了古罗马的生产力条件，也正是在这种一般的大趋势中现身的。[8]当然，在此时，古老的血缘关系的制约力几乎已经丧失了意义。在这个意义上，“日耳曼”形式的共同体与“古典古代”形式的共同体一样，都是“人为发生”（韦伯语）的结果，是作为“历史产物”的“次生形态”（马克思语）。而且，同样作为“次生形态”，它呈现出与“古典古代的”形式明显不同的历史特征。

二十五

与上述“亚细亚的”以及“古典古代的”形式做比较时，“日耳曼”形式的“农业共同体”应该说具有以下一些基本特征。

（一）首先需要注意的是，在“日耳曼的”形式中，**基本共同态**已成为“村落”，且比起作为定居形态的“村庄聚集”（Dorfsiedlung），其更偏向于广泛意义上的、**由土地占有者构成的“邻人集团”**（Nachbarschafts-gemeinschaft）。[9] 因此，共同体主要呈现出“村落”共同体的面貌。这就是说，在“日耳曼”共同体中，协调土地的共同占有、管理成员私人活动的公共制约（用韦伯的术语则为“共同态的对外封闭”〔Schliessung der Gemeinschaft〕），其主体已不再是古老的“部落”血缘组织，或者“半城市”的军事组织，而是**土地占有者构成的邻人**

集团——“村落”。在墨洛温王朝时期具有代表意义的部落法典《萨利克法典》[10]中，这一特点已有鲜明的体现。一方面，遵循某些特定的形式，人们被允许自由脱离“氏族”（Sippe）（第六十章）[11]；另一方面，认可外来者的村民（= 共同体成员）身份，需要全体“邻人”（vicini）的一致同意（第四十五章）[12]。实际上，到了加洛林王朝时期，“土地”——作为财富之总体基础的“土地”——的私有关系已经不再由“氏族”（Sippe），而是由“村落共同体”（Dorfgemeinde）来制约。譬如，在没有继承人的情况下，土地最终归属“村落”内的“邻人”。[13]这种“村落”共同体内部的土地私有关系以及对应的公共制约形态与方式，将在下文中详细论述。在这里先提一句，为了落实上述公共制约，当时就已经确立了“村长”（Thunginus 或 Centenarius，后来的术语为 Schultheiß）、“陪审员”（Ratbürgen，后来的术语为 Schöffen）等村落的自治机构。[14]

（二）其次，在“日耳曼”共同体中，构成“村落”的各“家庭”共同态与整个共同体的历史发展特征相吻合，亦有自己独特的面貌。一般来说，我们认为“日耳曼的”家庭与“古典古代的”形式下的家庭一样，**基本**已经呈现出“父权制小家庭”（patriarchalische Kleinfamilie

或 Einzelfamilie）的面貌。这一点与上述“亚细亚的”“父权制大家庭”（patriarchalische Grossfamilie 或 Familiensippe）或者“同族集团”（譬如 Gehöferschaft）形成了鲜明的对比。[15] 而且不可否认，“日耳曼的”家庭虽然是“小家庭”，但与“古典古代的”家庭具有本质性差别。首先，在“日耳曼的”家庭中，“监护”（Munt，munus）这种对家庭成员的支配与罗马的“父权”（patria potestas）相比，不光在程度上没那么彻底，而且支配形式也不同。也就是说，在“日耳曼的”家庭中，家长的“保护的**权力**”（Schutz*gewalt*）伴随着“保护的**义务**”（Schutz*pflicht*）。因而与古典古代时期不同，家庭成员虽然服从监护（Munt），但他们无论在身份上还是在“财产”（包括“土地”）的私人占有上，相对“家长”都保有某种程度上的**相对独立地位**（= 个人与个人之间的私人关系）。[16] 然而，与这个问题相关，以下事实具有不可忽视的重要意义。到现在为止，我们分析过的所有形式的共同体中，前近代的“父权制家庭”都不断从外部吸收无血缘关系者，借用韦伯的术语，就是不断向着“庄宅经济”（Oikenwirtschaft）的方向（并且进一步超越“庄宅经济”，向着“家产制支配”〔patrimoniale Herrschaft〕的方向）扩展，形成**最广义的**“父权奴隶制”（patriarchalische

Sklaverei）。此外，不管是哪种形式的共同体，都随着各种不均等发展，形成了各种各样的阶级分化起点。[17]“日耳曼的”家庭同样也不例外。在“日耳曼”形式的共同体中，那些处于监护之下的无血缘关系者，虽然在史料中同样被表述为 servus［侍从］或 famulus［家仆］(→familia)，但是，围绕着他们的支配关系正与上述“日耳曼的”家庭中“监护”(Munt)的特征相符,应该跟“古典古代的”“奴隶制”很不同。这一点需要注意。也就是说,在“日耳曼”共同体中，这些所谓“父权制奴隶”在身份（尤其注意教会对婚姻问题的干涉！）与财产的私有方面，同样从“监护”的支配下获得了一定程度的、相对的独立地位。研究史已经证明了，他们实际上通常会被赋予土地，而且地位逐渐向着明确的农奴身份上升。[18]

（三）说到这种“家庭”共同态的特点，我们刚才已经论述过，“村落”共同体内部的各个成员之间的独立性，以及私人活动的程度已经比其他形式的共同体上了一个台阶。这么说的话应该大致不错。[19]这当然与“日耳曼”共同体内部手工业生产力的发展，以及与其对应的“共同体内部分工”的发展和存在形式的问题相关，相关内容将在下文中另行论述。总之，以上所见“日耳曼”共同体的特征在“土地”占有方式上也明确地反映出独有的形态。或

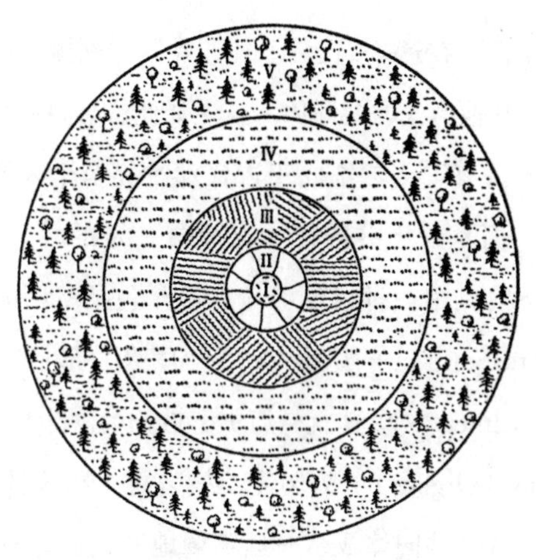

图 2　日耳曼的村落共同体的土地占有方式——理想图（I—II 为房屋和附属园地，III 为共同耕地，IV—V 为公共地）。引自 Max Weber，*Wirtschaftsgeschichte*，第 21 页。

者更合适的说法是，正是通过这种“土地”制度，我们才明确地把握住了“日耳曼”共同体的基本特征。

二十六

在“日耳曼”共同体中，“村落”全体“公共”（= 以“共同态”的方式〔gemeinschaftlich〕）占有的“土地”，进一步**一丝不剩地**由各个共同体的成员（= 各个农民“家庭”的家长）“私人”（=gesellschaftlich）占有、所有，并代代相传。在这一点上，“日耳曼”共同体就已经明确地区别于其他形式的共同体。虽说如此，但这种对“土地”的“私人占有”当然不同于近代那种完全**个人的、自由的**私有，而是处于共同体所有成员一定的“公共制约”的约束下。其中一种极端的情况甚至包括所谓的“总有”（Gesamteigentum）关系（=“日耳曼”形式下的“公共地”〔Allmende〕），这就是历史上被称为“份地”（Hufe）（=mansus，virgate）[20]的制度。换言之，在这种“份地”形式下，各个共同体成员**一丝不剩地私人占有了**“村落”（Nachbarschaft）支配下的“土地”。

什么是“份地”制度呢？详细说来，就是在“份地”这种特殊的形式下，“日耳曼”共同体的各成员，即各村民“私人”占有的“土地”，大约分为以下三个明显不同的部分。（参见图 2）

（一）在“村落”（Nachbarschaft）的中心通常形成一个或者多个聚落（=“村”〔Dorf〕）。在其中，村民们各自拥有自己的“住宅”（Haus）、“房屋”（Hof）以及周边一些“附属园地”（Wurt，Garten）。[21]如上文中所指出，这种“房屋及附属园地”（Hof und Wurt）（=“世袭地产”）属于**个人私有**，形成所谓的“Sondereigentum”（专有所有权）[属于特定人物的财产、土地]。接着，作为此

"Sondereigentum"的延伸,"公共地"(Allmende)上时不时也会出现"被圈占的土地"(Bifang)。保障个人圈地权利的正是上文提到的"Bifang-Recht"。[22]

(二)环绕着上述"房屋及附属园地"(Hof und Wurt)的是"共同耕地"(Ackerland,common field)。村民们的"耕地"是小块的土地,在"共同耕地"的范围内四处分散着。换一种说法就是,村民们把分散在"共同耕地"各处的很多小块土地当作自己的"耕地",在确立一定的公共制约的前提下**私人占有**这些耕地。这样一来,村落的"共同耕地"就与"附属园地"以及"公共地"区分开来,具有明显独立的形态(="共同马尔克"明确分化为耕地以及公共地),我们一般认为这是"日耳曼"共同体区别于其他形式的共同体的独特特征。此外,这里要指出的是,正如之前时不时提到的那样,这时的"共同耕地"呈现出特有的"耕地形式"(Flurformen)。[23]"共同耕地"通常分为三十或六十个,甚至更多的所谓的"耕区"(Gewann)(=cultura,furlong,shot,quartier),各个村民(=家庭经济)在这些"耕区"内**私人占有**若干块1英亩①(=摩尔根〔Morgen〕)或者1/2英亩的"小片耕

① 1英亩等于4840平方码,合4046.86平方米。

地”。这些分散在各个“耕区”内的“小片耕地”的总体之和，就是其所有的“耕地”。这就是所谓的“混合耕地制”（Gemengelage）（必须与耕地分割或者“小片耕地”分散分布的单纯事实区别开来）。另一方面，如果来看每一个“耕区”的话，在其内部，各村民（=家庭经济）“平等地”——当然不仅指耕地的面积，也考虑到耕地的形状、位置与土壤肥沃度——分配所占小片耕地，而且从耕种到收获等土地使用的各个方面都必须严格遵守“强制耕作制度”（Flurzwang，“公共制约”在耕地方面的体现）。在这种情况下，村民（=家庭经济）私人占有的“耕地”采取**均等的**标准化，比如说，三十摩尔根（=Tagwerk）或三十英亩，或者是其一半。其中拥有三十摩尔根（=英亩）“耕地”规模的标准村民被称为（Voll-）Hüfner，virgater［相当于近世日本的本百姓（完全纳税的高持百姓）］；拥有十五摩尔根的村民被称为 Halbhüfner，half-virgater［相当于纳税额减半］。除此以外，也存在一些村民，拥有的“耕地”规模明显更小，而且常常是在“耕区”以外的地方（有时只有“附属园地”）。这些人被称为“茅舍农”（cottar，Häusler，Kossäten），随着历史的发展，他们的人数越来越多。其意义将在下文中联系别的问题再做探讨。

（三）在“共同耕地”的周边环绕着属于“村落”的

“公共地”（Allmend，common，communal）。然而，在“日耳曼的”形式中，“公共地”与其“古典古代的”形式，譬如罗马的“公有地”（ager publicus）完全不同。前者已不再是**纯粹公有的**、从私人占有的视点看来完全“无主”的土地（在“日耳曼的”形式中，完全“无主”的土地即所谓的 loca publica，“从上面”被私人占有，逐渐转化为王有地）。因此，在“日耳曼”共同体中，各村民（=家庭经济）遵从习惯，根据自己“耕地”的面积比例，譬如 Vollhüfner 是 Halbhüfner 的两倍，对相应面积的“公共地”拥有共同使用权（比如一定数量的树木采伐、一定规模的畜牧等等）。这就是所谓的“共有权”（Allmendrecht，stint）。随着时代的发展，“日耳曼”形式的这种“共有权”越来越具有个人财产，即 eigentumsartig 的色彩。总之，在“日耳曼”形式的共同体中，“公共地”也以“分配份额”的形式，即按共有权的大小成为私人占有的对象，这就是被称为“总有”（Gesamteigentum）的所有关系（需要与罗马的“公有地”区别开来！）。从再生产的角度来看，“日耳曼”形式的“总有地”的情况与罗马时期“公有地”（ager publicus）和“私有地”（ager privatus）相互对抗又相辅相成的关系完全不同。它的地位已经下降，成为构成各村民（=“家庭”）经济基础的“附属园地”以及“耕地”的“共同态的附属物”（anex communal，马克思语）[24]。其中最具象征意义的东西，请想想“日耳曼”共同体独特的劳动资料，如“水车”以及“用水”的地位。[25]

那么，各村民（＝家长）采取这三种不同方式对“土地”进行私人占有，即“房屋及其附属园地”、“耕地”与“总有地份额”。三者的总和就是“份地”（参见图 2）。各村民（＝家长）依据习惯，通过私人占有一份“份地”，从而拥有**标准**村民（＝共同体成员）的资格。不仅如此，一份“份地”也被看作能够维持标准村民家庭（＝家庭经济）生活的一个单位（terra unius familiae！）。[26] 这一点十分重要，现在我们来深入讲一下。刚才说过，比如说一个 Vollhüfner 有三十摩尔根的“耕地”，一个 Halbhüfner 有十五摩尔根的“耕地”，根据比例，前者对“总有地”持有的“共有权”也是后者的两倍。但从这一事实我们就可以知道，“份地”绝不单纯是不定量的“土地”之集合；一份“份地”、两份“份地”……是可以数出来的、有**特定面积**的土地（与罗马时期“地产”的差异！）。当然，因时代地区的不同，会有一定的差异和变化，但如果说“份地”成了一般情况下村民（＝“村落”共同体的成员）私人占有土地时的“占有单位”（Besitzeinheit）应该没有错。[27] 不过从另一个角度来看，在“日耳曼”共同体中，各村民（＝家庭经济）作为标准的成员，原则上会“平等”地被分配一份“份地”。那么我们明确看到，这时候“平等”法则作为“共同体”的基本事实在发挥作用。但是，我们不能忽视，虽然同样是“平等”法则在发挥作用，这里“平等”原则的内容与上述“亚细亚”形式以及“古典古代”形式中的“平等”有显著差异。在其他两种形式下，各成员家庭（＝家庭经济）根据自己**实质上的**需求与能力去申请，并获得私有“土地”。但在“日耳曼”形式的共同体中，共同体的成员所分到的土地与上述实质无关，而是在“形式上”（formal）给作为成员的各村民（＝家长）分配一定单位的“土地”，即一份“份地”。那么在“日耳曼”共同体中，“平等”这一基本法则已不再是先前的“实质平等”（materielle Gleichheit），而是转化为“形式平等”（formale Gleichheit）这一新的形态。而且，实现这一转化的基础就是“日耳曼的”形式特有的“耕地”形态——“耕区制”（Gewannsystem，furlong system）。这一点我们很容易就能理解[28]（参见前引图 2）。

二十七

如上所述，我们所指的“日耳曼”共同体的基本法则，正是“土地”占有方面的“形式平等”原则。而且我们必须承认，该原则以“耕区制”为基础，并且在“耕区制”中得到了具体的体现。[29]但在研究史上，论及“日耳曼”共同体特有的“耕地形态”，除了“耕区制”以外，“三圃制”（Dreifeldersystem，three-field system）或者“地条制”（Streifensystem，scattered strip system）也常常被强调，这是众所周知的。但在这里，我认为“耕区制”最能代表“日耳曼”共同体的特点，并会着重介绍主张此观点的学说。以下深入分析两三个要点，兼论我赞成上述观点的原因。

（一）首先，在最典型的“日耳曼”共同体中，“共同耕地”是这样的：在各个“耕区”内，村民们的“耕地”面积基本上是1摩尔根（=英亩）——在德国称作Tageswerk（意为一天的工作）——或者是半摩尔根，分成长条状的“地条”（Streife，strip，parcel），以非常mechanisch（机械）的方式并列着，排得整整齐齐。这属于众所周知的事实。但是，与此同时，同样属于“日耳曼”形式的“共同耕地”，还有一种不这么整齐的类型，亦分布广泛。这也是很早就为人所知了。在这种类型中，“耕区”内各村民的“耕地”呈不规则的方形，面积也大小不一，通常与“地条”（=1摩尔根）的面积相差甚远。甚至在一个村落的“共同耕地”内，不同“耕区”之间也有差别。不过，在“耕区内”，所有标准村民所分到的“小块耕地”“面积相同”（迈岑〔August Meitzen〕语），这一事实贯彻始终。这种“小块耕地”被称作“Lagemorgen”或者“Flurmorgen”。[30]那么我们就把这种类型的“耕区”称为“拉格摩尔根（Lagemorgen）制度”吧（马克·布洛赫〔Marc Bloch〕所谓的“不规则开放耕地制”〔champs ouverts et irreguliers〕大概可被认为与其等同）。在上述两种“耕区制”中，地条整齐分布的前者与“日耳曼轮式犁”（deutscher Pflug，carua）的使用密切相关。这一事实迈岑早已指出，近期马克·布洛赫与欧文（Charles Orwin）也强调了这一点，我们暂且接受该见解。[31]不过在这种情况下，更重要的是，不论是哪种类型的“耕区制”，都十分生动地体现了“日耳曼”共同体特有的“形式平等”原则。根据这一点，迈岑过去曾认为，在较原始的轻型犁（aratrum）时代，与其对应的“拉格摩尔根制度”是“日耳曼”共同体“耕区制”（Gewannsystem）（=“混合耕地制”〔Gemengelage〕）的一种更原始的形态。[32]我们认为，迈岑的设想大概率是正确的，但他的结论究竟成立与否，此处暂持保留态度。总之，当我们从世界史的视角出发，批判地比较上述技术水平完全不同的诸地域（譬如上文所描述的欧洲，以及种植水稻的日本）中“农业共同体”的发展阶段，迈岑的见解难道不是富有启示吗？如果从这一立场来做推断的话，在史料中找出"日耳曼"共同体，及其特有的"耕地形态"的关键点在于，体现"形式平等"原则的"耕区制"——哪怕它是以"拉格摩尔根"的形态出现——是否以某种形式存在。

（二）其次，说到"日耳曼"共同体的耕地形态时必定会谈到"三圃制"（Dreifelderwirtschaft，three-field system），我们在这里也绕不开这个话题。众所周知，在我们认为最典型的"日耳曼"共同体中，村落的"共同耕地"通常划分为三个大的"耕圃"（Felder，fields，saisons）（每个耕圃中都有数量——譬如十个或者二十个——相同的"耕区"）。以此为基础，各耕圃以三年为一个循环进行轮作，并穿插"共同放牧"（la vaine pâture collective）。所谓的"三圃制"就是构成这种农耕方式之基础的土地制度。那么，上述那些以"耕区制"为着眼点来探求"日耳曼"共同体之基本特质的学说，是怎么理解"三圃制"的呢？——"三圃制"是欧洲中世纪"日耳曼"共同体各种耕地形态中最典型的一种，这样说应该没错。而且，如果单从这一点来考察欧洲中世纪的农耕发展，的确也反映出**农业生产力**（乃至**各种生产力**）已**发展到了一定程度**，这与共同体的"日耳曼"形式**应该存在**某些本质性的联系。[33]

不过，如果我们变换视角，在世界史的视野中批判地比较那些拥有不同技术传统的地区，我们大概可以得到如下结论："三圃制"反映出生产力发展到了一定阶段，其源自欧洲风土，即"大地"和与"大地"紧密结合的劳动对象的特殊性，具体地说就是以中世纪欧洲特有的、与畜牧业相结合的旱田农业为基础的特殊条件（如果是在季风地区，在劳动集约型水田耕作的条件下就很难发展出这种农耕形式吧）。不仅如此，哪怕是在欧洲境内，"三圃制"的普及程度也未必有我们想象的那样高。除开"耕区制"本身已经存在的各种各样的差别，先前的研究指出，"二圃制"（Zweifelderwirtschaft, two-field system）也广泛存在，甚至还有不区分耕圃的单纯"耕区制"（="一圃制"）。[34]这就是说，即使不实施"三圃制"，即使不区分耕圃，"耕区制"在原理上也有可能存在。而且，只要"耕区制"存在，"日耳曼"共同体的基本法则——"形式平等"——就得以通过耕地制度具体化；同时，只要"耕区制"存在，我们就必须承认"日耳曼"形式的共同体的存在。这就是说，我们必须认可以下的结论：我们以土地制度为出发点，**从理论上探求**"日耳曼"（=封建）共同体的基本法则的话，独特的"日耳曼"**生产关系**的具体体现的确是"耕区制"，而不是"三圃制"。换言之，从**生产关系**的角度来看，"三圃制”只不过是“日耳曼”共同体在中世纪欧洲的特殊呈现方式，而不是后者本质性的、不可或缺的元素。

（三）最后还残留了一个问题。“日耳曼”共同体特有的原则——“形式平等”，为何在耕地形态上尤其体现为“耕区制”呢？有学说主张，受当时的开垦及土地测量技术之限，若试图实现“形式平等”原则，就只能采取“耕区制”的方式。[35] 当然，这一观点也不能说是错误的。但是，如果进一步深入思考，就必须问一个更本质的问题："形式平等”原则本身是在什么样的历史条件下形成的呢？下面，我们就来从理论上探究此问题。

二十八

那么如上所述，集中体现了“日耳曼”共同体之基本法则的“耕区制”，以及具体体现了“形式平等”原则的“公共地”的“总有制”，究竟在历史上是从何时、以何种方式出现的呢？关于这个问题，先前研究中的一般说明这里只能割爱了[36]，仅聚焦于那些试图在理论层面阐述此问题的学说。在这类学说中，最有说服力的莫过于马克斯·韦伯的著名见解。那么接下来就简要介绍一下韦伯的见解，同时附加若干批评。韦伯认为[37]，“耕区制”的发端或许可追溯到公元4世纪，在《萨利克法典》的时代，“耕区制”的雏形就已经出现。在韦伯看来，其原因首先在于，过去“土地绰绰有余”（superest ager）（塔西佗语），但随着农业的发展，“土地”变得“匮乏”（knapp），主张“Bifangrecht”（先占权）的村民（=共同体成员）之间自然而然地缔结了新的协定。韦伯在这一事实中寻找“耕区制”出现的原因。在韦伯之前，也有类似的高明见解（譬如迈岑）。单看其本身，应该说没有什么错误。但如果从比较历史学的角度更进一步考察的话，必须承认还是有一些令人难以信服的地方。譬如在古典古代，尤其是在上述罗马“城邦”共同体中，由于成员不断对土地进行“先占”，“公有地”（ager publicus）变得越来越少，市民（=共同体成员）经常为了掠取“土地”而**对外**发动侵略战争。仅从这个例子我们就可得知，在历史上，当**土地变得匮乏**，共同体成员并非不可避免地会为了获得土地而相互竞争（即主张先占权并发生冲突），因此也不一定会自然而然地形成新的协定，即“耕区制”。也就是说，土地变得匮乏这一事实不是历史上“耕区制”成立的唯一条件，同时还需要满足——正如鲁贝尔曾指出的那样[38]——土地“人口承载力”（Bevölkerungskapazität）提高，也就是农业生产力在一定程度上得到发展（即一些区域内的各种生产力以及社会分工的发展）这一前提。基于这一点，我们应该在理论上重视以下的见解："耕区制"起源于帝政末期罗马版图内的农村，其遗产由日耳曼人继承，并进一步发扬光大。[39] 实际上韦伯本人在其他著述中一直极力强调，在罗马的帝政时期得到发展的各种生产力，尤其是手工业生产力的遗产以及与其对应的社会关系，由中世纪欧洲的"村落"继承，进而以之为媒介，由中世纪的"城市"发扬光大。[40]

最后，结合刚才所说的"耕区制"的诞生，我们在这里**从理论上总结**以下事实："日耳曼"形式的共同体与其他共同体相比，生产力（=各种生产力）达到了更高的发展阶段，并且"共同体内部分工"在质与量上表现为一个独特的历史阶段。如果从再生产结构的角度来看，我们认为，"日耳曼"共同体即使在其最初阶段，也不再处于自给自足的"自然经济"状态。其在最初阶段就伴随着**一定范围内的**区域商品交换，以区域"货币经济"作为**补充**。这一观点固然还需要更多实证性的历史研究来证明，不过已经有优秀的史学家从理论及实证角度多多少少找出了一些依据。[41] 这是一方面。另外，从内部支撑着"日耳曼"共同体的"共同体内部分工"（=区域内分工），通常来说当然属于被称为"圣役"（Demiurgie）（=公共工匠）的劳动形态，其中也体现了“日耳曼的”形式固有的特点。根据目前最新的学说，在“日耳曼”形式的“农业共同体”（即庄园）的内部，从最开始就存在一定种类的“手工业者”（fabri，Schmiede，wrights）。他们的存在大概有以下几种方式。[42]

（1）首先是字面上的“公共工匠”（＝圣役），包括水车工人、铁匠、木匠（尤其是车匠）等手工业者。他们逐渐在“村落”内部形成了特权阶层（注意与“亚细亚”共同体中的“圣役”的异同）。接着，在父权制下，作为“奴隶”的手工业者们（所谓的“庄园手工业者”〔Hofhandwerker〕是其转化形态）的身份地位也逐渐提高，转化为“茅舍农”等形式，同时“村落”内手工业者的人数与种类也随之增加。譬如有铁匠、马具制作者、木匠、车匠、鞋匠、面包师、鱼贩、纺织工人等。

（2）但是，“日耳曼”共同体最典型的特征，是这些“村落”内的手工业者能够向一般村民“自由”地（并非一定意味着身份上的自由）出售他们的产品。换言之，在“村落”共同体内部，有足够的空间接纳上述意义上的“自由”手工业者。这一现象与中世纪城市（＝行会制度）的出现相关——在贝洛犀利地指出这一点以后，这几乎成了学界的共识。[43]从经营的角度来看，这些“自由”手工业者或许是半农半工，在一定范围的区域内首先从事“雇佣劳动”（Lohnwerk）。同时还有“流动手工业者”人群，他们不停地在村与村之间移动，补足各“村落”的需求。他们之中可能有一些工种（譬如铁匠、制盐工人等）会形成特殊的“手工业村落”，但随着时代的发展又逐渐消失。[44]

“日耳曼”共同体正是以这种方式，从萌芽时期开始就包括了能够向一般人“自由”贩卖自己产品的手工业者。或者不妨说，至少是具有包括上述人的可能性。当然，这些手工业者尚未具有真正的小资产阶级性质。但他们也“并未相互结合，形成自己的团体”（库采克〔Rudolf Kötzschke〕语），而是催生了“日耳曼”共同体独有的一种广义上的“圣役”（=公共工匠）。这种“共同体内分工”在历史上的独特存在形态，显然与前面说过的“日耳曼”共同体固有的结构特点相对应。也就是共同体成员（=村民）的个人独立性与个人的活动能力有了进一步提高。或者借用马克思的说法，在“日耳曼的”形式中，“共同体”已不再是抑制个体私人活动的“联合体”（Verein），而是每一个作为私人的个人之间的“联合”（Vereinigung）。[45]在过去的罗马时代，手工业劳动被看作“奴隶”的工作，是对“共同体成员”有害的事物。然而在“日耳曼的”中世纪，情况恰恰相反，每一个手工业者逐步获得了私人独立性，并且形成了“中世纪城市”以及“行会制度”。这是一种独特的、“有尊严的”，并且是历史上社会分工最成熟的共同体。更进一步，在“村落”共同体的基础之上，真正的小资产阶级（接着是资产阶级）商品 = 货币经济发展壮大。最终，“共同体”一般将被扬弃（资本的原始积累过程！）。毫无疑问，这种“日耳曼”共同体独特的历史规定性，就来自上述共同体内部成员（= 村民）之间的私人（=gesellschaftlich）关系以及私人活动的决定性发展。

注释

1 关于此问题，可参见 Marx，*Formen usw.*（マルクス:《諸形態》）中关于“日耳曼”共同体的论述，同时请熟读同一作者后期的 Briefe an Vera Zasulič，Konzept I、III，*Marx-Engels Archiv*，第一卷，第 335—337 页。譬如后者中有这样一段:“在日耳曼尼亚本土，这种较古类型的共同态（引者按：这里指的是凯撒时期的共同态，马克思认为这是农业共同体出现之前的一种共同态）通过自然的发展而变为塔西佗所描述的那种**农业共同体**（la commune agricole）。从那时起，我们就看不到它了。它在连绵不断的战争和迁徙的情况下不知不觉地消亡了。……然而最重要的是，这种‘农业共同体’的烙印是如此清晰地表现在从它产生出来的新共同体（la nouvelle commune）里面……这种耕地是农民的**私有财产**，而森林、牧场、荒地等等仍然是**公共财产**的新共同体，由日耳曼人引入所有被征服的国家。由于它承袭了原型的特征，所以，在整个中世纪内是自由和人民生活的唯一原动力。"[①] 此外，关于这一点，还可参见 Engels，*Der Ursprung der Familie, des Privateigentums und des Staates*，第131—140、145—151 页（エンゲルス：《家族・私有財産・国家の起源》，第 179—193、200—208 页）。

2 下面的论述参考的所有文献，除了上述马克思与韦伯撰写的基础文献（其中 Marx，*Formen usw.*〔マルクス：《諸形態》〕很重要）以外，主要借鉴了以下著述：Weber，"Der Streit usw."，*G. A. zur Soz.- und WG*；G. L. v. Maurer，*Einleitung zur Geschichte der Mark-, Hof-, Dorf- und Stadtverfassung*；Cunow，*Allgemeine Wirtschaftsgeschichte*，第二卷（クノウ：《経済全史》第三、四卷）；G. von Below，*Geschichte der deutschen Landwirtschaft des Mittelalters*，Lütge 编（ゲオルク・フォン・ベロウ：《独逸中世農業史》，堀米庸三译）；Rudolf Kötzschke，*Allgemeine Wirtschaftsgeschichte des Mittelalters*（以下简称为 *A. W. M.*），Handbuch d. WG.；Rudolf Kötzschke，*Grundzüge der deutschen Wirtschaftsgeschichte bis zum 17. Jahrhundert*（以下简称为 *Grundzüge*）；Meitzen，*Siedlung u. Agrarwesen*，第一卷、第四卷（Flurkarten）；Alfons Dopsch，*Wirtschaftliche und soziale Grundlagen der europäischen Kulturentwicklung*，两卷；Marc Bloch，*Les caractères originaux de l'histoire rurale*

① 中译文见马克思：《给维・伊・查苏利奇的复信》，《马克思恩格斯全集》（第二版）第二十五卷，第 476—477 页。

française（マルク・ブロック：《フランス農村史の基本性格》，飯沼、河野、坂本、服部、吉田译）；Sir John Clapham，*A Concise Economic History of Britain, from the Earliest Times to A. D. 1750*；Vinogradoff，*The Growth of the Manor*；Seebohm，*The English Village Community*；Heinrich Mitteis，*Deutsche Rechtsgeschichte, ein Studienbuch*（ハインリッヒ・ミッタイス：《ドイツ法制史概説》，世良晃志郎译）；Richard Schröder、Eberhard Frh. v. Künsberg，*Lehrbuch der Rechtsgeschichte*；Otto Gierke，*Das deutsche Genossenschaftsrecht*，三卷；高橋幸八郎：《市民革命の構造》；小松芳喬：《封建英国とその崩壊過程》等。

3　关于以下的要点，可参见 A. Dopsch，*Wirtschaftliche und soziale Grundlagen der europäischen Kulturentwicklung*（以下简称为 *Grundlagen*），第一卷，第一至五篇；Kötzschke，*A. W. M.*，第 9、25、30—31 页，第 98 页及以下，第 213 页及以下；Kötzschke，*Grundzüge*，第 77 页及以下、第 89 页及以下；Theodor Mayer，*Deutsche Wirtschaftsgeschichte des Mittelalters*，Wissenschaft u. Bildung，第 25—31 页等。——关于论争史，包括著名的日耳曼史学家与古罗马史学家之间的意见对立，可参见 G. v. Below，"Das kurze Leben einer vielgenannten Theorie"，*Probleme der Wirtschaftsgeschichte*。日耳曼史学家主张，"日耳曼"共同体形成的**基本轨迹**是古代日耳曼民族的独立发展，罗马的遗产起到的不过是次要作用。我不太赞成该主张。在前引 Weber，"Der Streit usw."，*G. A. zur Soz.- u. WG.* 中，马克斯·韦伯似乎也同意这是古老的日耳曼制度单纯的自我发展。但在其他著述中，韦伯又提出了不同的见解。总体来说，韦伯思考的是罗马元素与日耳曼元素在更高层次上的融合。

4　在 Karl Rübel，*Die Franken, ihr Eroberungs- und Siedlungssystem im deutschen Volkslande*，第三部分第三、五章中，鲁贝尔主张“日耳曼”共同体的起源是萨利安法兰克人所特有的现象。这一主张虽不乏启示，也颇有意思，但不能令人完全信服。

5 Kötzschke，*A. W. M.*，第 24—25、102—104 页；Mayer，*Deutsche Wirtschaftsgeschichte des Mittelalters*， 第 19—20 页；F. W. Walbank，“Trade and Industry under the Later Roman Empire in the West”，*The Cambridge Economic History of Europe*， 第二卷。关于英国的情况，可参考比较简单的 Clapham，*A Concise Economic History of Britain, from the Earliest Times to A. D. 1750*，第 22 页及以下、第 55 页及以下。

6 “封建制度绝不是现成地从德国搬去的。它起源于征服者在进行征服时军队的战时组织，而且这种组织只是在征服之后，由于在被征服国家内遇到的生产力的影响才发展为真正的封建制度的。这种形式到底在多大程度上受生产力的制约，这从企图仿效古罗马来建立其他形式的失败尝试（查理大帝，等等）中已经得到证明。”①Marx、Engels，*Die deutsche Ideologie*，I. Feuerbach，Werke III，第 64—65 页（マルクス＝エンゲルス：《ドイツ・イデオロギー》，第 97—98 页）。

7 可简单参考 Kötzschke，*A. W. M.*，第 213—214 页；Kötzschke，*Grundzüge*，第 52—53 页。

8 Kötzschke，*A. W. M.*，第 209—210、213—214 页。——此外请留意这一点与下文讲到的城市 = 基尔特共同体的关联，所谓的“基尔特制度”与这里所说的“古代基尔特”之间有明确区别。

9 这里所说的“村落”不是严密意义上作为定居形式的“村

---

① 中译文见马克思、恩格斯：《德意志意识形态・费尔巴哈》，《马克思恩格斯文集》第一卷，第 578 页。

落制”(Dorfsiedlung，nucleated village)，而是一个宽泛的用语，包括各种各样的偏差，尤其是还包括了“散居制”(Einzelhofsiedlung)。按照马克斯·韦伯的术语，就是作为Nachbarschaftsgemeinschaft的“村落”(Dorfgemeinde)。参见Weber，*Wirtschaft u. Gesellschaft*（第四版），第215—218页。

10 *Lex Salica*，有久保正幡氏的日译本《サリカ法典》，以下的页码为日译本页码。《萨利克法典》无疑是日耳曼诸部落的法典之一，与《里普利安法典》(*Lex Ripuaria*，这一部亦有久保氏所译《リブアリア法典》）一样，被认为是法兰克人的法典。其形成时间颇为久远，大约可追溯至公元5世纪末至6世纪。由于其为法兰克人的主支——萨利安法兰克人的法典，因此对我们来说具有重要的意义。参见久保译《サリカ法典》的附录。

11 《サリカ法典》，第102页。与这一点有关，在中世纪的欧洲农村，从很早开始，村民之间的血缘关系似乎就变得很淡薄了。这一情况与我国的情况做对比，可以说尤其值得留意。

12 同上，第68页及以下。请留意见于当时的法国史料的“voisins”［邻人］一词，以及后来见于德国史料的“Nachbaren”［邻人］一词。Bloch，*Les caractères originaux de l'histoire rurale française*，第172页；Dopsch，*Grundlagen*，第一卷，第365页。

13 关于所谓的“Vicinenrecht”［邻地占有权］，特别可参见Dopsch，*Grundlagen*，第一卷，第364页及以下；A. Dopsch，*Die Wirtschaftsentwicklung der Karolingerzeit*，第一卷，第380页及以下。多普施（Alfons Dopsch）对吉尔克（Otto Friedrich von Gierke）的批判，包括对《萨利克法典》的见解，非常有意思。

14 ミッタイス：《ドイツ法制史概説》，第103页及以下；Cunow，*Allgemeine Wirtschaftsgeschichte*，第二卷，第355—356页（ウェーバー：《経済全史》第四卷，第124页及以下）。关于英国

的情况，参见 Vinogradoff，*The Growth of the Manor*，第 135—149 页。在现实中，上述“村落”共同体在古典型庄园制度（Villikationsverfassung）下，与 Hofverband（manor）以及其解体后的 Kirchenspiel（parish）等统治机构相互融合，呈现出复杂的形态。而且直到后来在资本原始积累的过程中，当“共同体”本身逐渐解体时，其**基本特征**自始至终没有改变。

15 不过罗马与日耳曼两者之间，规模上的差距应该是相当大的。另外请注意，所谓的“大家庭制”与“小家庭制”指的主要是“监护”的**统治范围**问题，不是单纯的同居或分居的问题。进一步说，现实中的“日耳曼”共同体也不是完全不存在包括“大家庭”的情况，只不过这种情况多少被看作**例外**。

16 エールリッヒ：《権利能力論》，川島武宜、三藤正译，第 38 页及以下、第 64 页及以下。Kötzschke，*A. W. M.*，第 197—198 页。另外可参见 Weber，*Wirtschaftsgeschichte*，第 57—59 页（ウェーバー：《経済史》上卷，第 129—136 页）；Weber，*Wirtschaft u. Gesellschaft*（第四版），第 753—754 页（ウェーバー：《都市の類型学》，第 89—91 页）。

17 在“资本原始积累”的阶段，产业资本形成的起点无疑是“家庭内部的分工合作”。在此过程中，我们可以观察到非血缘关系者在“监护”下“奴隶化”的事实。这一点顺带需要记住。参见拙著《近代欧州経済史序説》上卷，二，第 264 页及以下；《大塚久雄著作集》第二卷，第 245 页及以下。

18 Kötzschke，*A. W. M.*，第 197—198、209 页；エールリッヒ：《権利能力論》，第 42 页及以下。特别是关于英国，可参见波斯坦最近的著述：M. M. Postan，*The Famulus*，Ec. H. R.，Supplement，第一卷。关于这个问题，还可参见韦伯有趣的比较史研究：Weber，“Agrarverhältnisse im Altertum”，*G. A. zur*

Soz.- u. WG.，第 203 页及以下（ウェーバー：《古代社会経済史》，第 366 页及以下）。

19 Marx，*Formen usw.*，第 18—19 页（マルクス：《諸形態》，第 25 页及以下）反复强调了这一点。

20 关于“份地”（Hufe）制度，参见 Weber，*Wirtschaftsgeschichte*，第 19—26 页（ウェーバー：《経済史》上卷，第 58—74 页）；Kötzschke，*A. W. M.*，第 259—275 页；Dopsch，*Grundlagen*，第一卷，第五章等。

21 不过这里说的是 Dorf［村］或者 Weiler（小村庄）的情况，Einzelhof（散居制）的话当然是分散在各处。

22 这种“被圈起来的土地”（Bifang），其形成一方面——如下文所述——推动了“耕区制”的成立；另一方面，也加剧了家庭经济之间的不均等发展，从而促进了封建时期的阶级分化。不仅如此，随着时代的发展，它还获得了全新的历史意义，这是不言自明的。

23 关于“日耳曼”共同体特有的“耕地形态”，古典学说可参见前引诸文献，特别是 Meitzen，*Siedlung u. Agrarwesen*，第一卷，第 83—122 页，以及 Seebohm，*The English Village Community*，第一、二章(第 3 页及第 26 页的附图尤其重要)。另外还可参见 C. S. Orwin、C. S. Orwin，*Open Fields*，第 30—62 页的详细论述。日文的研究成果除前引文献外，还可参见松田智雄：《古典型グルンドヘルシャフト》，《立教経済学研究》第 6 卷第 2 期。

24 Marx，Briefe an Vera Zasulič，Konzept I、III，*Marx-Engels Archiv*，第一卷。“在日耳曼人那里，ager publicus（引者按：指的是 Allmende）只是个人的 Eigentum（所有地）的补充……不是个人的 Eigentum 表现为以共同体为中介，恰好相反，是共同体的存在和 Gemeindeeigenum（共同地）的存在表现为以他

物为中介，也就是说，表现为独立主体相互之间的关系。实质上，每一单个家庭就是一个经济整体，它本身单独地构成一个独立的生产中心（手工业只是妇女的家庭副业等等）。……［日耳曼］的共同体本身，一方面，作为语言、血统等等的共同体，是每一个 Eigentümer（土地占有者）存在的前提；但另一方面，这种共同体只存在于共同体为着共同体目的而举行的**实际集会**中，而就共同体具有一种特殊的经济存在（表现为共同使用猎场、牧场等等）而言，它是被每一个个人 Eigentümer 以 Eigentümer 的身份来使用……这实际上是个人 Eigentümer 的公共的 Eigentum，而不是其联合体的公共的 Eigentum。”①Marx，*Formen usw.*，第 16 页及以下（マルクス：《諸形態》，第 22—26 页）。除了这种形式的“村落”的“公共地”（Allmende），有时几个村落还拥有共通的“公共地”（Mark），形成一个“马尔克共同体”（Markgenossenschaft）。但在英国，这种马尔克共同体似乎并没有太大的意义。关于“马尔克”可参见 F. Engels，*Die Mark*；Meitzen，*Siedlung u. Agrarwesen*，第一卷，第 122—161 页；Kötzschke，*A. W. M.*，第 215 页及以下、第 362 页及以下；Dopsch，*Grundlagen*，第一卷，第 350—351 页、第 363 页及以下等。

25 关于“水车”，Clapham，*A Concise Economic History of Britain, from the Earliest Times to A. D. 1750*，第 66 页及以下、第 154 页及以下等文献中有简单而有趣的论述。此外还可参见 Marc Bloch，“Avènement et conquêtes du moulin à eau”，*Annales d'histoire écon. et soc.*，第 36 期，1935 等。

---

① 中译文见马克思：《资本主义生产以前的各种形式》，《马克思恩格斯全集》（第二版）第三十卷，第 474—476 页。

26 关于这一问题，研究史已厘清以下有趣的事实：通常认为，在法兰克时代，“Wergeld”即杀人赎罪金在原则上相当于一份份地的金额（久保正幡:《フランク時代の家族共同体と自由分権の発展》,《法学協会雑誌》第54卷第1期，第79页、第81页注42）。这一方面说明了“份地”的性质，另一方面也生动揭示了当时的货币以及货币经济中的“公共制约”，十分有趣。

27 随着时代的发展，“份地”逐渐分裂为更小的单位，但分裂的方式也显现出它作为土地“占有单位”的特点。譬如“份地”制度成立初期，起到重要作用的Grosshufe是四个Hufen（英国的hide为四个virgates）。并且在之后，一份Hufe的二分之一、四分之一这类单位也应运而生（譬如英国的bovate为二分之一个virgate）。而相对地，罗马的“地产”完全不具备“土地的占有**单位**”这种性质。大规模聚集的“地产”（fundus）被称为“大地产”（latifundium），而不是以几个“地产”这样的单位来计算（井上智勇:《ローマ経済史研究》，第1页及以下）。

28 以上关于“平等”原则的分析主要参考了马克斯·韦伯无比富有洞察力的学说，参见Weber，“Der Streit usw.”，*G. A. zur Soz.- u. WG.*，第546—556页。

29 关于这一点，强调的最多的是迈岑，以及继承其衣钵的马克斯·韦伯。Meitzen，*Siedlung u. Agrarwesen*，第一卷，第122—161页；Weber，“Der Streit usw.”，*G. A. zur Soz.- u. WG.*，第546—556页；Weber，*Wirtschaftsgeschichte*，第22—23页（ウェーバー：《経済史》上卷，第63—65页）。另外，对此问题，西博姆的见解也属于此派别。Seebohm，*The English Village Community*，尤其可参考刚才提过的此书的附图。

30 Meitzen，*Siedlung u. Agrarwesen*，第一卷，第101—106页，尤其可参考第104页的有趣附表，图16、17。此外，正如迈岑所言，

在这种情况下，“Flur”或“Lage”意为“耕区”（Gewann）。

31 Meitzen，*Siedlung u. Agrarwesen*，第一卷，第 85 页及以下；Bloch，*Les caractères originaux de l'histoire rurale française*，第 51 页及以下（ブロック：《フランス農村史の基本性格》，第 76 页及以下）；Orwin、Orwin，*Open Fields*，第 30—32、39—53 页。不过，这一观点受到了比较历史学领域内的批判。参见トムソン：《ギリシャ古代社会研究》下卷，第 362—364 页。

32 Meitzen，*Siedlung u. Agrarwesen*，第一卷，第 106—107 页、第 112—113 页。马克斯·韦伯对迈岑上述见解表示赞同，但认为后者的论点不明确，因此补充了以下这段说明：“‘在拉格摩尔根制度中，已可见日耳曼的特点’，关于这一点，决定性的标志如下：重点不在于耕区，而在于每个人的份额，耕区就是一个农民用犁半天能耕作的土地量之集合。这或许就是克纳普（Georg Friedrich Knapp）视之为前提的方法，但我认为，这属于考虑到**维持平等**而创造出的产物。”Max Weber，“Der Streit usw.”，*G. A. zur Soz.- u. WG.*，第 550 页注 1。另外，关于所谓“开放耕地制”（open field system）（这里所谓的“耕区制”）起源的研究史，可参见小松芳喬：《封建英国とその崩壊過程》所收第二篇论文《開放耕地制度の起源》。

33 这种情况下，我们必须承认，“三圃制”是日耳曼人继承了罗马人的生产力的遗产。参见 Kötzschke，*A. W. M.*，第 267—268 页。请对比一下这种形式与塔西佗时代各日耳曼部落所谓的“草田轮作制”（Feldgrasswirtschaft）。

34 关于这一点，除了上述各文献以外，还可参见 Kötzschke，*A. W. M.*，第 267—268 页；H. L. Gray，*English Field System*。日文文献见高村象平：《経済史随想》所收第八篇论文《三圃農法の起源》等。

35 Meitzen，*Siedlung u. Agrarwesen*；Orwin、Orwin，*Open*

Fields。不过，如下文所示，迈岑的见解包含了更深层次的东西。

36 参见小松芳喬：《開放耕地制度の起源》。

37 Weber，"Der Streit usw."，*G. A. zur Soz.- u. WG.*，第 548 页及以下。此外，跟这一点相关，还可参见 Meitzen，*Siedlung u. Agrarwesen*，第一卷，第 131—168 页，特别是第 151 及以下；Dopsch，*Grundlagen*，第一卷，第 233、255 页，第 341 页及以下，第 367 页及以下。

38 请参见 Rübel，*Die Franken, ihr Eroberungs- und Siedlungssystem im deutschen Volkslande*，第 235—236 页。不过关于这一点，在与其他问题的关联中，马克斯·韦伯也不断地做过强调。

39 参见 Kötzschke，*A. W. M.*，第 255—256、260 页；Dopsch，*Grundlagen*，第一卷，第 255—256 页、第 388 页及以下等。

40 Weber，*Wirtschaftsgeschichte*，第 118、135 页（ウェーバー：《経済史》上卷，第 253—256 页、第 282 页）；Weber，"Agrarverhältnisse im Altertum"，*G. A. zur Soz.- u. WG.*，第 253—278 页（ウェーバー：《古代社会経済史》，第 458—502 页）。"日耳曼"共同体的形成，当我们更具体地将其当作社会结构的历史问题来观察时，需要将其把握为"新的共同体"（la nouvelle commune）形成与展开的过程，这个"新的共同体"是推动封建革命（旧的罗马城市的统治被推翻，旧的法兰克贵族阶层没落了）的**抵抗的组织**，是继承了旧罗马各种生产力的遗产，同时孕育了新的阶级分化与社会结构的**基础**。比如可参见《萨利卡法典》的《第一序文》意气轩昂的结尾（《サリカ法典》，第 29 页）。不过关于这一点，在最后一段涉及别的问题时会深入讨论。

41 譬如在前引《萨利卡法典》与《里普利安法典》中，货币计算一开始受到公共的制约，但反过来又全面影响了上述制约的内容。

42 参见高村象平：《経済史随想》所收第六篇论文《村の鍛冶屋》；

Kötzschke，*A. W. M.*，第 278—286 页；Kötzschke，*Grundzüge*，第 100—101 页；J. Kulischer，*Allgemeine Wirtschaftsgeschichte*，第一卷，第 65—77 页；Dopsch，*Grundlagen*，第二卷，第 424 页及以下等。

43 参见 Below，*Probleme der Wirtschaftsgeschichte*（特别是 V. Die Motive der Zunftbildung）；G. v. Below，*Territorium und Staat* 中收录的各论文（特别是“Die historische Stellung des Lohnwerks”）。

44 譬如可参见 Clapham，*A Concise Economic History of Britain, from the Earliest Times to A. D. 1750*，第 65 页及以下的简洁叙述。

45 Marx，*Formen usw.*，第 16 页（マルクス：《諸形態》，第 22 页）。

中文版解说

小野塚知二[①]

本书是大塚久雄（1907—1996）代表作之一《共同体的基础理论》的中文译本。现在重新来阅读这一过去的文本，具有何种意义呢？我将在下面一一指出。

大塚久雄的学术生涯始于战前（20世纪30年代）。经过战争时期，大塚成为引领战后日本经济史研究（以及更广泛意义上的社会科学研究）的先驱之一。他追问的核心问题是，为何席卷了当今世界的近代资本主义源于西欧。其治学特色在于，他自始至终都在思考近代资本主义生根发芽的主体（或者说人性、精神及伦理）基础。有时

① 小野塚知二，经济史学家，1957年出生于日本横滨市，东京大学名誉教授、东京大学特任教授，曾任东京大学经济学研究科教授。主要著作有《重读大塚久雄〈共同体的基础理论〉》（2007）、《从大塚久雄的视角思考资本主义与共同体：公益、结社与国家》（2018）等，编著有《共同体的基础理论与其他六篇》（大塚久雄著，小野塚知二编，2021）等。——译者注

大塚也受到批判和揶揄，被称为“近代主义者”“近代化的信徒”“虚构的西欧近代的赞美者”等等。作为“近代主义者”的大塚久雄为什么要来分析前近代社会与共同体呢？而且为什么他的主旨不在于考证历史事实，而在于建构“基础理论”呢？

一　大塚久雄学问体系中的《共同体的基础理论》

《共同体的基础理论》这部书在大塚久雄的学术体系中具有什么样的地位，又呈现出什么样的特点呢？用大塚自己的话来说，写《共同体的基础理论》是为了提供理解前近代社会的理论地图。本书是“闯入错综纷繁的史实森林”时，需要携带的“地图”（本书第2—3页）。那么为什么要描绘前近代社会的地图呢？

大塚久雄的研究兴趣从战争时期到当时（20世纪50年代）“始终是资本主义诞生与发展的历史”。“从另一个角度来看”这“正是旧有的封建制消亡的过程。‘共同体的解体’是其中的一个重要环节。因此，若想研究资本主义发展史，我们无论如何也无法绕开‘共同体的解体’这一问题。此处所谓的‘共同体’当然是‘封建共同体’（即‘日耳曼共同体’）。但是，为了彻底厘清共同体逐步解体的全过程，有必要采取更广阔的视野，重新将‘共同体’的本质，以及共同体生成和解体的各种原因**作为一个整体，在理论层面进行把握**”。出于上述意图，大塚将既有的“关于‘共同体’的诸理论”做一重新整理。因此，他认为，“本书的叙述虽然有经济史的色彩，但本质上多少**应当被划分为经济理论类的研究**”（第一版序言，本书第 iv 页，强调为原文所加）。

毋庸置疑，资本主义社会的理论地图就是阐明商品生产与流通机制的经济理论。与其相对，大塚所提出的前近代社会的理论地图，关注点集中于土地的占有。因为普遍认为，在资本主义社会中，商品是财富的基本形式，而在前近代社会，财富的基本形式则是土地（大地，Erde）。这里的“土地”是提供了生活手段、生活资料的天赐的仓库，也是天赐的劳动场所，原始生产资料的天然武库。而且，“就连人类本身也……作为大地的附属物，与家畜一样，被列为客观的自然万物”（本书第 12 页）。

因此，人“在眼下的生产力发展阶段，当然也或多或少带有‘自然’性质，作为‘自然的个人’出现”。所谓共同体（Gemeinde）是被这些处于自然状态的诸个人“从‘自然’状态直接带入‘历史’进程”的“原始集团以及血缘组织”。也就是说，它具有明显的“原始共同态”

（ursprüngliche Gemeinschaft）的性质[①]，以“共同组织”（Gemeinwesen）为特征。大塚在分析前近代社会时，理论上的立足点在于，自然的共同组织是共同体的基本社会关系。在这一前提下，共同态作为主体对土地进行占有与利用。

土地本身是劳动的场所，是生产资料，而且在土地上生产出的劳动工具也作为土地的附属品嵌入其中。因此，共同体内部就不可避免地具有土地的共同占有与劳动工具（以及农业共同体情形下的土地）的私人占有之间的“固有的二重性”。“如果着眼于‘共同体’的成员，也就是诸个人之间结成的生产关系，那么这种二重性就体现为以下二者的矛盾：一方面是‘共同态’这种原始的集团性；另一方面是在其内部新形成的、与之对抗的各种生产力的载体，也就是诸个人之间的关系”，或者称其为“‘共同体’固有的‘内在矛盾’（＝生产力与生产关系的矛盾）也无妨”（本书第29—30页）。

---

① 关于共同体（Gemeinde）与共同态（Gemeinschaft）的区别，大塚认为，古老的共同体之解体固然是历史的进步，但他同时期待在近现代社会中能够形成新形式的共同态。参见大塚久雄：《内と外の倫理的構造》，《大塚久雄著作集》第八卷，東京：岩波書店，1969，第472页。需要注意的是，Gemeinde（基础自治体）至今仍未解体。笔者用“共同性”一词替代文中的共同态。——原注

大塚大致以上述方式建构了关于前近代的人、土地与共同体的概念装置。通过着眼于土地私有的扩大（和血缘纽带的松弛）以及相对应的共同体之形式与构造，大塚假定亚细亚的、古典古代的以及日耳曼的三种形式的农业共同体，作为不同的发展阶段相继出现，并分析了各种形式的特点。根据土地私有的程度与生产力的水平，他将共同体的各种形式置于不同的生产力发展阶段。当然，《共同体的基础理论》的写作目的是展示有关前近代各种生产方式之基础，即共同体的各种形式的理论。至于这些生产方式及其阶级结构，需要在基础理论之上，再进行具体个别的研究，因此不属于本书探讨的对象。换言之，本书并非关于前近代社会整体的综合理论，而是关于共同体——大塚将其看作前近代社会的根基——的"基础理论"。

以上用大塚的语言概括了《共同体的基础理论》一书的目的。此时立即就会出现以下几个问题。

我们暂且承认，近代资本主义社会的财富形式主要是商品，因此分析商品生产、流通规律的经济理论是从经济角度来认识近代社会时的基础理论。[①] 可为什么能直接断

① 哪怕在市场社会中，也有庞大的财富与服务并不体现为商品的形式。因此，无论对商品交换的平台——市场——进行多么精致的刻画，也无法全面分析市场社会。尤其是家务、看护、生殖等与人的生活

定，在前近代社会的所有生产方式中，土地（大地）一直是财富的基本形式呢？依据马克思的《资本论》,大塚指出，支撑前近代社会的生产关系是共同体，共同体是劳动与财富直接的社会形式。土地占有提供了一切劳动活动的主要生产条件（本书第8—9页）。换言之，大塚试图通过马克思的“共同组织”与“社会”概念对前近代社会做出概括。

这里包含的是以下这种简单化的思想：资本主义生产方式（=资本主义经济）的基础理论是经济理论，但探讨资本主义社会中人与人之间共同性的基础理论却不是经济理论。与此相对，针对前近代的各种生产方式，并非一一分别建构理论，而是预设贯穿整个前近代的共同体（=前近代社会的共同组织〔Gemeinwesen〕）是前近代所有生产方式所对应的生产关系。那么，共同体等同于前近代的生产关系这一命题，为什么会适用于前近代各种不同的情况呢？[①] 用生产方式的基础理论来归纳近代社会复杂多样

直接相关的领域，很大程度上未被市场化。这一点可参见小野塚知二:《経済史：いまを知り、未来を生きるために》，東京：有斐閣，2018,第八章“市場経済と資本主義”的第一节“市場経済”。当然，在大塚久雄所处的时代，家务、看护、生殖以及第三部门等未被市场化的经济活动还没有得到关注。可以理解，他跟同时代的史学家与经济学家一样，将近代社会的基础理论等同于经济学（关于市场的科学）。——原注

① 对于该问题，大塚久雄依据马克思的观点，在《如何讨论“共同体”

的情况，却用共同体（生产关系）的基础理论（而非生产方式的基础理论）来处理前近代，这种思路意味着什么呢？

针对这些或许是理所当然的问题，笔者也并不能提供清晰明确的答案。不过如果这么考虑的话或许没错：大塚久雄的目的并不在于把握历史悠久、形态多样的前近代社会之整体。他的问题意识在于前近代社会向近代社会转型的条件与模式（“资本主义诞生与发展的历史”）。因此他在描绘前近代，以及前近代向近代转型的过程时，是立足于近代，回望过去。这暂且算作一个回答吧。为了从理论层面来书写“前近代向近代的转型”，大塚久雄“从近代

问题》（1956）的第二节中给出了精彩的回答。接着，他还以如下方式论证了共同体问题属于经济学领域的课题：“如果经济学不光研究被称为资本主义的各种生产关系，也能够并且必须将前资本主义时代的各种生产关系（其中之一是封建制）作为研究对象的话，‘共同体’的问题当然必须作为经济学的研究对象来进行分析。而且，经济学跟社会学的研究方法不同，不能仅仅将被称为共同体的生产关系作为**社会关系本身**来处理，而是必须着眼于财富的存在形态，即构成共同体的各个农民的**经济上的利害关系**，来处理这一课题。譬如以商品交换为基础对社会进行分析时，不应率先着眼于**商品生产者**，而应该从经济利害关系的对象化，即**商品**入手。必须从财富的存在形态开始，通过厘清各个土地占有者之间的经济利害关系，来研究共同体与封建制。”（强调为原文所加）参见大塚久雄：《「共同体」をどう問題とするか》，《大塚久雄著作集》第七卷，東京：岩波書店，1969，第 209 页。——原注

向前近代”投去目光，试图理解前近代。

那么，为什么归纳与理解前近代社会的工具是“共同体的基础理论”呢？这也是因为大塚是从近代的立场来理解前近代及其转型过程的。在大塚看来，自由、自立且自律的个人构成了近代社会。这种近代社会的人性基础，就是他所谓的“近代人性类型”[①]。这是大塚笔下经常出现的典型近代人——如鲁滨逊·克鲁索（Robinson Crusoe）或本杰明·富兰克林（Benjamin Franklin）一般，勇敢、自主地立于天地间的个人。然而，若是从“近代的目光”看来，前近代的个人尚很弱小，无法自立，埋没于土地-大地-自然与共同体之中。所以，作为土地占有主体的共同体正是用“近代的目光”来概括理解前近代社会的关键。

至今已有众多学者批判大塚久雄无视认识对象——前近代——的内在视点，而是采取近代的视点，以外在的、后见之明的方式对前近代进行简单化处理。但是，为了描

---

① 鲁滨逊·克鲁索的形象未必是大塚久雄设想中的健全近代人，倒更有可能是“病态的现代人”，具体可参见岩尾龍太郎：《ロビンソンの砦》，東京：青土社，1994；小野塚知二：《近代資本主義とアソシエーション—永遠の希望と永遠の絶望》，梅津順一、小野塚知二编：《大塚久雄から資本主義と共同体を考える：コモンウィール・結社・ネーション》，東京：日本経済評論，2018，第二章，尤其可参考第58页及注5。——原注

绘“前近代向近代的转型”，即使大塚倒过来“用近代的目光观察前近代”，其方法也不能成为批判的对象。

这是因为过去只能在叙述者的知识与技术体系框架内被描述。这对历史研究来说是常识。我们不可能进入被叙述的对象，用过去的知识、技术、认识手段、思想与宗教、情感与身体感觉来叙述。从历史学的本质上来讲，这是不可能实现的。历史学这门行当的目的是无限接近过去、描述过去。后来者不可能身临其境地去感知与理解业已过去的事物。生活在近代的休谟、亚当·斯密、马尔萨斯、大卫·李嘉图、马克思等人，通过细致观察眼前的事实，再经过推论与思考，建构出了近代社会的经济理论。但我们不可能用同样的方法来描述过去。

从这个意义上讲，《共同体的基础理论》是从近代（将此任务视为己任的大塚这个近代人）的目光出发看到的前近代社会的理论地图的绪论。不论列举出多少与此书相左的前近代的事例，也仅仅具有史实确认的修正意义。

那么基础理论真的完全不会受到来自事实的挑战吗？

二　大塚久雄学说中理论与事实的关系

针对大塚久雄的《共同体的基础理论》，至今已经有各种各样的批判意见。按类型大致可以分为三种：实证方面的批判、学术史方面的批判与理论方面的批判。

正如《共同体的基础理论》开篇所述，手里不拿地图，彷徨于无限错综纷繁的史实森林是一种愚蠢的行为。大塚说，此书是"同学们进入史实的森林时需随身携带的"地图，赤手空拳漫步于历史的森林甚至可以说是莽撞的。我们试图依据史料去重新体验与理解的过去的"地形"在何处，呈现什么样的地势，道路通向何方，如果不参照地图一一落实确认，历史研究者很有可能会迷路遇险。大塚用地图的比喻直接表达的意思是，《共同体的基础理论》在历史研究的"野外活动"（即在近现代的常识行不通的、悠久多样的前近代森林中进行实地考察）中是必需的工具，起到地图的作用。

"地图是按照现实中的地形绘制的，而不是现实中的地形依照地图生成。**在读图方法正确的前提下**，如果发现二者之间**有出入**，需要修正的当然是地图，而非地形本身。本讲义中教授的各种基础概念和理论，不过是同学们进入史实的森林时需随身携带的地图。"大塚久雄讲的是常识，即基础理论对来自史实考证的挑战向来是开放的。实际上，从实证研究方面对《共同体的基础理论》进行的批判不胜枚举，理论与事实有出入的情况比比皆是。

历史学家面对的问题是，对于历史研究来说，这些理论能起到何种作用呢？

上述引文中，“在读图方法正确的前提下”这一表达加了强调。这明确表示大塚所追求的理论并不是随时随地根据观察结果可以轻易变更与被修正的。通过史料可得到确认的关于过去的事实有无穷无尽的多样性，如果理论必须根据这些个别的事实进行一一修正，那么理论就成了永远无法完工的建筑物或船舶，随处可见毫无规律可循的设计变更与异想天开的创意构思，始终像是寄木细工[①]的半成品。大塚的理论所要追求的并不是这种无秩序的集合。他确信，在彼此独立又彼此相异的纷杂事实背后，有共通的法则。他所探求的是指明社会变化的原动力、揭示先驱者在时代转型期所起到的作用的理论。如果理论在受到些许事实的挑战时便要受到修正，是如此不堪一击的话，那么理论就无法起到它原本的作用。从这个角度来讲，事实是无法轻易挑战理论的。

距离《共同体的基础理论》出版九年之前，大塚久雄发表了《对所谓“封建”科学的反省》(1946)，很早就

① 寄木细工，一种木片拼花工艺品，源于日本神奈川县箱根，特色在于用颜色与种类不同的木材拼接图案。——译者注

指出了范畴与类型构成的重要性。他写道："虽然历史学方法论的问题通常能够在史实的层面上得到解决，但我们不能消极地等待这些问题随着史实的明朗化而自然水落石出。我们目前所处的严峻历史现实逼迫我们必须要有所行动。诚然，积极地去'发现'某种类型构成，肯定不可避免地会产生一些谬误。但是，如果想要一直回避这些谬误，同时也回避对谬误持续不断的诚恳修正，如果永远不肯尝试去'发现'类型构成，我们甚至不可能真正接近史实，对历史的认识也会停滞不前。"[①]

从青年时代开始，大塚久雄的经济史研究就始终围绕着理论性问题展开：通过不断设立假说、验证假说，来建构更严密的理论体系。至于那些无序罗列各种史实，从中随意选出某些当作"时代特点"，缺乏理论意识的（或者是无理论的）历史叙述，大塚始终在与其做斗争。

在这种高度的理论意识背后，是大塚对历史学的功能性的自觉。他十分关注眼下所需要的是什么样的历史叙述（对过去的叙述）这一问题。因此，围绕着如何认识"眼下"，如何展望未来，在他那强烈的现实意识与未来筹划

① 大塚久雄：《いわゆる「封建的」の科学的反省》，《大塚久雄著作集》第七卷，第233页。——译者注

（Entwurf，project）背后，当然少不了思想斗争的作用。对于不经历思想斗争、混沌无知的历史研究，大塚从不掩饰其批判的态度。而且，大塚久雄、高桥幸八郎、松田智雄、铃木圭介等日本比较经济史学的第一代先驱，与其门下的第二代，尤其是冈田与好、吉冈昭彦等人通过一同探讨，建构出了发达的理论体系，并将批判的矛头指向各方，因此经常被卷入论战之中。

三　围绕亚细亚共同体的“虚构性”问题

理论经常是通过对先前研究的误读或曲解发展出来的。因此，如果要从学说史出发批判理论著作对先前研究的把握不正确的话，就应该上升到理论的高度。换言之，如果在理论层面不能提出一些新的见解，仅仅是指出误读与曲解的话纯属浪费功夫。只要能开辟新的道路（或有这种可能），哪怕是误读与曲解也是有意义的学术研究。

本文的目的不在于介绍《共同体的基础理论》的成文过程，或是阐明其背后的学术脉络，因此对学说史方面的批判不做深入探究。不过以下两种批判，似乎有必要稍做说明。第一种批判针对的是马克思《资本主义生产以前的各种形式》的解读方式；第二种批判针对的是“亚细亚”

共同体概念的虚构性。

对《各种形式》之解读方式的批判，大致可以分为以下两种（或两种的结合）。第一种说，马克思撰写《各种形式》的目的不在于展现前近代社会的整体图景，阐明共同体最终解体的逻辑；马克思是要通过研究前资本主义的各种社会形态，来探索复兴共同所有与协作劳动的可能性——其中的一个切入点是个人所有权的复兴与联合（association）。当然，即使马克思的意图果真如上所述，从《各种形式》中获得灵感，像大塚久雄一样将前近代社会，包括其解体纳入考察范围，建构出一套基础理论也是完全可以的。第二种说，马克思的确试图展现前资本主义时代各种社会的整体图景，但马克思只提出了各种形式，并非像《共同体的基础理论》那样，将其看作相继出现、逐步发展的形式，并不具有阶段论的意思。[1]这就是历史研究，尤其是经济史研究中经常出现的类型与阶段的

---

① 霍布斯鲍姆作为历史学家将《各种形式》理解为前近代社会的地图，并且对体制之间转型的逻辑抱有跟大塚久雄相似的兴趣。但无论是在各种生产方式的相继发生上，还是在生产力水平上，他对阶段理论都持消极态度。参见 E. J. Hobsbawm，*An Introduction to Karl Marx's Pre-Capitalist Economic Formations*, Lawrence & Wishart, 1964（《共同体の経済構造：マルクス〈資本制生産に先行する諸形態〉の研究序説》，市川泰治郎译，東京：未来社，1969）。——原注

区别/关联问题。如果或多或少想对关于过去的认识进行理论升华的话，这是无法避开的问题。

说到对“亚细亚共同体”概念的批判，南亚史学家小谷汪之的著名学说可谓已成经典。[①] 大塚在构思亚细亚共同体的概念时，直接参考的是马克斯·韦伯《世界诸宗教的经济伦理》。小谷研究了韦伯依据的关于当时亚洲社会特征的基本文献——巴登-鲍威尔（童子军组织创始人罗伯特·巴登-鲍威尔〔Robert Baden-Powell〕同父异母的哥哥）的《英属印度的土地制度》（Baden Henry Baden-Powell，*The land-systems of British India: Being a manual of the land-tenures and of the systems of land-revenue administration prevalent in the several provinces*，Clarendon Press，1892），以及海因里希·库诺、亨利·梅因等人的著作，得到如下结论：在上述文献所描述的亚洲，根本不可能发现以土地公有与实质平等原则为特征的“亚细亚共同体”。这是大塚久雄自己创造出来的。诚然，理论建构本身就是一种创造，上述来自学说史角度的批判并不能直接抹杀《共同体的基础理论》的价值。但小谷的批

① 小谷汪之：《マルクスとアジア：アジア的生産様式論争批判》，東京：青木書店，1979；小谷汪之：《共同体と近代》，東京：青木書店，1982，尤其是其中的第五章。——原注

判直接指向作为农业共同体的原型、具有某种普遍性的“亚细亚共同体”概念。小谷的研究对象是直到晚近前近代共同体仍然存在的地区，因此来自小谷的批判不可小觑。而且小谷还对大塚所说的“财富的基础形式为土地”这一点提出异议，举出爱尔兰人与非洲祖鲁人以牛为财富的主要形式的例子，在实证与理论两方面对大塚提出批判。更重要的是，小谷认为大塚的历史认识是“为近代辩护的共同体论”①，将批判的矛头指向“倒置的世界史”论，指出所谓“亚细亚”形式的“前近代社会”实际上是近代社会创造出的“非近代社会”，从而展示了一幅与大塚不同的、复合且相互规定的世界史图景。小谷的批判虽然从对学说史的探讨出发，却含有超越这一层面的理论内容。②

即使如此，小谷为了证明亚细亚共同体的虚构性所举出的几个证据，无论是巴登-鲍威尔、亨利·梅因，还是海因里希·库诺，他们所观察记录的都是19世纪末、20世纪初的印度。依靠这些证据不可能直接否定前近代印度

① 前引小谷:《共同体と近代》，第191—194页。——原注

② 为岩波现代文库版《共同体的基础理论》撰写解说的姜尚中断定:“所谓‘亚细亚共同体’的范畴实际上只不过是大塚史学的西方中心主义所创造出的虚构物。”即便如此，虚构性的问题应该首先在理论层面进行论证。另外请注意，下文中提到的肥前荣一等人的俄国史研究在实证方面进一步证明了“亚细亚共同体”的存在。——原注

曾有过亚细亚的共同体。如上所述，历史研究本身就是一种将“现在”的目光投向过去、叙述过去的行为。某一概念是否为虚构，并不单纯由史实决定。只要不与通过史料观察到的绝大多数史实对立，只要能够促进生活在“当下”的人们通过历史去求知与思考，这样的概念就是有用的。而如果它阻碍了我们对当下的追问，那这样的概念就是无用的。

而且，如果与人口相比，那个时代的“土地”（= 自然）过于充裕的话，人类根本没有必要占有土地，只要在广袤的大地上分散居住即可，也不会为了占有土地而结成共同组织。在这种情况下，共同性并不源于占有土地的需要，人们会形成基于社会性纽带——血缘（拟制）关系——的氏族形态（但氏族并没有与特定的土地形成排他性的结合关系）。文化人类学的成果已表明，人类为了确保遗传基因的多样性，必须与血缘关系以外的人群进行基因交换。因此，血缘关系与氏族不仅通过血统谱系统合建构了同族意识、形成了互助互惠的关系，同时也明确揭示了“血缘关系之外”这一多样的遗传基因宝库。

在理论层面，也有各种各样的研究对《共同体的基础理论》提出了批判。这些批判大致可以分为以下四类。第一类认为，关于自然资源（土地、水资源）的稀缺性（以及是否存在稀缺问题），以及生产活动与共同组织的具体存在方式，大塚的设想（通过着眼于对土地的共同占有，可以对前近代农业社会的基础理论做历时性的描述）并不充分或并不妥当。第二类认为，对共同体的认识必须包括“家”（血缘关系与血缘拟制）所具有的制约性意义。第三类认为，不应认为身份制度、阶级关系，以及封建领主、地主阶层的作用对共同体的深层根基来说仅仅是表面现象。在前近代社会，身份制度与封建领主制本身就具有规定性意义。[①]第四类认为，即使研究对象是前近代社会，也应当把共同体放到与市场的关系中来进行考察。[②]

---

① 这里比较重要的一种观点是，在封建制中，领主的土地所有权（领主直领地或上级所有权）十分明确，共同体一方面起到补充作用，另一方面又形成了与其对抗的基础，这种“共同体的两面性”有必要加以重视，进一步做细致研究。参见渡辺尚志：《日本近世村落史からみた大塚共同体論》，小野塚知二、沼尻晃伸編著：《大塚久雄〈共同体の基礎理論〉を読み直す》，東京：日本経済評論社，2007所收。——原注

② 速水祐次郎围绕着第三世界的“开发”，关注市场与共同体所起到的作用，提出了独特的观点。速水认为，在第三世界，共同体是“以亲密的个人交往为基础，以相互信赖关系为纽带的集团”，“在发展中国家，主要指以血缘与地缘关系结成的部落或村子的纽带”。速水的兴趣不在于共同体阻碍近代化的作用，而是促进经济发展的功能。参见Yujiro Hayami，“Community, Market and State”，A. Maunder、A. Valdes编，*Agriculture and Government in the Interdependent World*，Gower，1989。澤田康幸、園部哲史编：《市場と経済発展》（東京：

四　西欧封建制与日本封建制的差别

大塚久雄反复讨论共同体，或者说封建制，这是由于他非常迫切地想要揭示日本在从前近代向近代转型的过程中体现出的特殊性。在《共同体的基础理论》一书中，大塚并未直言日本的江户时期为封建制时期，而当时的共同体为日耳曼的形式。但为了在世界史中进行比较，大塚依据迈岑的学说指出："在史料中找出'日耳曼'共同体，及其特有的'耕地形态'的关键点在于，体现'形式平等'原则的'耕区制'——哪怕它是以［使用较原始的轻型犁，而非日耳曼轮式犁的时代所对应的］'拉格摩尔根'的形态出现——是否以某种形式存在。"（本书第 116 页）这段话暗示日本也曾有过日耳曼共同体。

在论文《生产力方面的东洋与西洋：西欧封建农民的特质》以及《对所谓"封建"科学的反省》[①] 中，大塚久雄

東洋経済新報社，2006）的第一章也对共同体问题提出了同样的观点。此外，在近年出版的著述中，深尾京司、中村尚史、中林真幸编：《岩波講座　日本経済の歴史》（全六卷，2017）的第一卷与第二卷明确关注日本前近代社会中市场、土地所有与共同体的关系，正是这一主题的共同研究之成果。——原注

① 《生産力おける東洋と西洋−西欧封建農民の特質》与《いわゆる『封建的』の科学的反省》两篇文章均发表于 1946 年，后收入《大塚久雄著作集》第七卷。——译者注

对西欧与日本封建制的比较研究显示出更强烈的兴趣。他注意到自然条件所决定的种植方法与生产力方面的质的差异——西欧主要为降水量少的旱田农业，使用畜力种植小麦，进行粗放型农耕畜牧，而日本则是劳动密集型稻作农业——并做出以下的比较分析：由于劳动生产率高，以“溢出的剩余产品与富有农民”为特征的西欧绝对君主制极其脆弱，面对农民的独立自由具有“开放”的特点。然而日本的绝对君主制（大塚指的是从明治到战时），结构极端顽固，几乎不可能自发转型为近代-民主社会，显示出“封闭”的特征。[①] 上述西欧绝对君主制的“开放”特征可追溯至13世纪的庄园制，农民手中财富的积累是其发生的基础。

另外大塚还注意到，“封建”这个词作为标签被贴在所有古旧事物上，掩盖了中世纪西欧的封建制中“个人主义”与“自由”的侧面。“西欧封建社会最显著的特征就是中世纪城市与行会经济上的繁荣和生产力的发展，它们在政治上实现了独立，提高了在封建等级制内部的地位，

① 日本封建制的特殊性如今在日常语言的古地层深处仍有残留。譬如“うち”“身内”等用语就显现出很强的血缘（拟制）的影响。“まわり”“世間（様）”等有关共同体的内外双重道德的词汇，至今在日常使用中仍然带有前近代的浓重色彩。——原注

换言之即获得了‘封建的自由’。实际上，在英国史上的清教徒革命时期，封建的旧制度与近代清教主义两个阵营都坚持自己的‘自由’不肯让步，主张自己的基本权利。哪怕同样处在封建专制的末期，这种情形中包含的差异也远远超过我们的想象。”[①]

在这里，所谓的西欧封建制不仅仅是前近代旧秩序的代名词，它反而更接近给近代转型提供各种主要条件的摇篮。正是围绕着这一点，大塚指出日本的封建制“几乎不具备自发向近代-民主社会转型的可能性，这种‘封闭’的特点”与西欧的封建制相差甚远。大塚久雄反复强调这一区别，譬如在《马克斯·韦伯的亚洲社会观》中，他聚焦共同体内部分工的发展程度，指出“日本保留着浓重的‘亚细亚’特色，同时也自发产生了西方意义上的‘封建制’，因此，在从西方引入资本主义经济时，条件比较有利。我们要记住，这一点曾经被（韦伯）提及。”[②]大塚在这里承认，日本在前近代发展出了封建制。

由此可见，对于大塚久雄而言，可以从两个互相矛盾

① 大塚久雄：《いわゆる「封建的」の科学的反省》，《大塚久雄著作集》第七卷，第238—239页。——译者注

② 大塚久雄：《マックス・ヴェーバーのアジア社会観》，《大塚久雄著作集》第七卷，第197页。——译者注

的方面来理解日本封建制。

五　关于封建制与日耳曼共同体是否存在的问题

在《共同体的基础理论》以及其他著作中，大塚久雄关注的直接是前近代共同体最终解体、近代社会形成的条件。那么，这意味着大塚认为前近代与近代社会之间存在一个大分水岭吗？如果说前近代与近代之间横着分水岭，那么我们只能不现实地假定，某天睁开眼就从前近代社会到了近代社会。既然大塚久雄关心的是近代转型的过程，那么这个分水岭应该划在前近代社会中促进转型的各种条件的起点吧。

换言之，大塚久雄真正关心的问题并非近世以后资本主义发展的分歧，而在于发展出了资本主义的前近代社会（封建社会）与没能发展出资本主义、在共同体间分工与实质合理性等方面显示出“亚细亚停滞性”特点的社会，这两者之间的分歧究竟在何处。但遗憾的是，能证明这一点的只有上述《马克斯·韦伯的亚洲社会观》以及其他为数甚少的作品。即使在这些地方，由于解说第四节中提及的二义性，其表现也不甚清晰。

那么是因为大塚久雄没有机会展开论述吗？在大塚

身边，主张日本的封建制和村落共同体与西欧同质，试图将其与“亚细亚”区别开来的论者不在少数。即便如此，大塚也从未对这一命题明确表过态。

譬如在参与满铁调查部与东亚研究所合作的中国华北农村惯行调查（1940—1944）的学者之间，围绕中国村落性质的问题，有两种相反的见解。根据三品英宪的研究成果,其中一种是平野义太郎的“乡土共同体”肯定论。平野认为，“乡土共同体”是“大东亚共荣圈共通的社会基础。日本与中国，两国社会的共通点在于以共同体为基底，这就是形成‘亚细亚’纽带的基础。平野这种主张的框架为‘欧洲⇔亚洲（日本与中国）’”。持相反意见的是法社会学学者戒能通孝。戒能认为，“中国的村落只不过是缺乏‘高持百姓意识’的村民集合体，根本不具备村落共同体的本质。另外，只有在以村落共同体等地缘团体意识为基础的社会（西欧与日本）中，才崛起了近代国家。这种主张的框架是‘欧洲、日本⇔中国’”。戒能认为，“以村落共同体为基础的封建制是近代市民社会与国民国家成立的前提条件”。因此，发展出封建制是近代化的必要条件。[①]

① 三品英憲:《大塚久雄と近代中国農村研究》，小野塚知二、沼尻晃

三品英宪还做了如下论述："在戒能通孝的共同体论中，'高持百姓意识'非常重要。更进一步来说，只有当共同体的成员具备上述意识，村落才具有公共性。这类涉及村落共同体本质的问题，大塚久雄并没有将其作为课题做特别探讨。与此形成反差的是，大塚久雄用'总有关系'来说明日耳曼共同体的结合关系。他在解释日耳曼共同体的形成与结构时，并不认为需要对上述结合关系做出更多说明——除了其形成的契机。从这里可见，大塚久雄在理解那些为了自我再生产而与他人协作的个体之间的结合方式时，或许脑中无意识地存在某种特定的社会结合方式，具体而言就是以'高持百姓意识'为基础的前近代日本农村的景象。""通过对中国农村的了解，戒能才意识到，在比较日本与德国的农村时，自己的确设定了某种不自觉的'前提'。在戒能进一步拓展自己学说的过程中，中国农村带给他的经验起到了重要的作用。(中略)在日本社会出生长大的大塚久雄，在分析同样经过了'封建社会'的欧洲时，对自己设定的不自觉的前提缺乏反省的契机，因此留下了一个不小的陷阱。"[①]换言之，大塚通常强调日本封

伸编:《大塚久雄〈共同体の基礎理論〉を読み直す》，第132—135页。——原注

① 同上，第149、154页。——原注

建制与共同体的特殊性，可他或许尚未察觉自己在潜意识中已默认日本与西欧具有共通性。这一观点具有重大的意义。

同样，参加东亚研究所第五调查委员会华北农村视察旅行（1939—1940）的山田盛太郎认为，"'封建制'并非钳制资本主义发展的枷锁，而是资本主义诞生的前提条件"。在《日本资本主义分析》（1934）一书中，山田曾评价"日本农业悲惨的落后状况"，但在华北农村视察之后，其观点发生了转变。①

大塚与山田原本就相识，与戒能和平野在同一时期"物理上的距离极其接近（都在东京帝国大学）"②，因此不可能对上述论争一无所知。

肥前荣一受到豪伊瑙尔（John Hajnal）-米特劳尔（Michael Mitterauer）③将连结圣彼得堡与的里雅斯

---

① 武藤秀太郎：《「封建」とは何か？山田盛太郎がみた中国》，恒木健太郎、左近幸村编：《歴史学の縁取り方：フレームワークの史学史》，東京：東京大学出版会，2020，第105页。——原注

② 三品英憲：《大塚久雄と近代中国農村研究》，小野塚知二、沼尻晃伸编：《大塚久雄〈共同体の基礎理論〉を読み直す》，第133页。——原注

③ 关于豪伊瑙尔线（Hajnal line）可参见小野塚知二：《経済史：いまを知り、未来を生きるために》，東京：有斐閣，2018，第202—205页。——原注

特（Trieste）的线作为欧洲封建制的东部边缘这一学说的启发，在接受大塚共同体理论的同时，对延续至20世纪初的沙俄共同体的特性进行了大量考察，填补了研究上的空白。[①] 从19世纪的哈克斯特豪森（August von Haxthausen）与马克思，到21世纪的肥前与米特劳尔，对俄国农村史与土地制度史的研究积累深厚。[②] 即使我们无法否认近代欧洲的帝国主义在欧洲外"创造"出了各式各样的"非近代社会"，但若要完全视亚细亚共同体为子虚乌有，恐怕过于牵强。

反过来，大塚久雄不断强调的日本封建制之特殊性的问题，或者从更广义上来说，讲座派的明治维新观（封建

---

① 与《共同体的基础理论》形成共鸣关系的实证研究，近年最重要的是肥前榮一:《ドイツとロシア：比較社会経済史の一領域》(未来社,1986),通过关注俄罗斯村社的"亚细亚特征"厘清了所谓的"土地不足"问题。另外还有佐藤芳行:《帝政ロシアの農業問題：土地不足・村落共同体・農村工業》(未来社，2000)；崔在東:《ストルィピン農業改革期ロシアにおける私的所有・共同所有および家族分割》(《歴史と経済》第45卷第2期，2003)；肥前榮一:《比較史のなかのドイツ農村社会:〈ドイツとロシア〉再考》(未来社，2008)；肥前榮一:《独露比較農民史論の射程：メーザーとハックストハウゼン》(未来社，2018)；肥前榮一:《比較経済史の新しいパラダイムを求めて：歩んできた道》(東京大学経友会:《経友》第209期，2021)等一系列研究。——原注

② Michael Mitterauer，*Warum Europa? Mittelalterliche Grundlagen eines Sonderweges*，München：C. H. Beck，2003。——原注

专制君主制的成立）在近年式微了。倒是三谷博、渡边浩等人将日本看作市民革命（封建制向资本主义的转型）成功范例的明治维新论给历史学带来了新的启发。[①]

六　战后历史学的起点

1. 战时

战后历史学（尤其是比较经济史学）的起点，从两种意义上来说都在战时。第一，大塚久雄以及在其他相关领域与他形成对话关系的大河内一男、丸山真男等人，他们的思想形成"与战时动员体制下，知识领域中的国民统合分不开"[②]。譬如，在 1943 年发表的《经济伦理与生产力》一文中，大塚写道："'资本主义**精神**'本身当然已经是过

---

① 参见三谷博:《愛国 · 革命 · 民主：日本史から世界を考える》（筑摩書房，2013）；三谷博:《維新史再考：公議 · 王政から集権 · 脱身分化へ》（NHK 出版，2017）；三谷博:《日本史のなかの「普遍」：比較から考える「明治維新」》（東京大学出版会，2020）；三浦信孝、福井憲彦编:《フランス革命と明治維新》（白水社，2018）；渡辺浩:《明治革命 · 性 · 文明：政治思想史の冒険》（東京大学出版会，2021）等。——原注

② 山之内靖:《ポスト現代の社会科学と「神々の闘争」：馬場哲 · 小野塚知二編〈西洋経済史学〉をめぐって》，《歴史と経済》第 45 卷第 1 期，2002，第 43 页。——原注

时的并且需要加以批判的事物了。然而，如果说我国目前直面超越近代西欧，并继承其生产力这一世界史之课题的话，'促进了近代生产力发展的伦理应该拥有什么样的构造'这一问题，显然具有迫切的意义。"（强调为原文所加）虽然使用的是条件语气，但这里主张，了解近代资本主义的伦理基础在战争时期十分重要。[①]另外，在《发扬最高的"主观能动性"：论作为经济伦理的生产责任》（1944）一文中，大塚久雄写道，支持着经济伦理的"主观能动性"，"绝不是人性的情感欲求从一切束缚中解脱出来，呈现为自由奔放的状态，即绝不是所谓的 liberum arbitrium。这种状态乍一看似乎是主观能动的，实际上截然相反。这种状态缺乏真正的主观能动性具有的**恒久持续性**，单看这一点就明白了吧。"以此为前提，他又提出如下观点："真正的主观能动性恰恰与此相反，它关联着禁欲，只有在**不断的陶冶**之中才能够获得，必须经过不断的磨炼来修道。关于这种真正的'主观能动性'与'禁欲'之间的关系，基本不需要说明了吧。'现在如果我们不奋起'这句话恰如其分地展现出，最高程度的'主观能动性'与现实中不

① 大塚久雄：《経済倫理と生産力》，《経済往来》1943 年第 19 期，引自《大塚久雄著作集》第八卷，第 323 页。——原注

断的‘禁欲’磨炼互为表里。这已经属于世人皆知的常识了。”[①]（强调为原文所加）一方面,“最高度的主观能动性”“生产责任”“禁欲”等标榜着超越近代西欧、反自由主义的词汇带有浓重的战时色彩。另一方面，大塚在战后发表的一系列著作中，明显显示出一种与尼采有别的赞美近代的韦伯解释。从这个意义上来说，战后历史学的雏形的确可追溯到战时。

第二，战后历史学的起点在于对战前以来鼓吹国家主义的各种经济学派（“日本〔主义〕经济学”“皇道经济学”等）以及哲学领域内的京都学派的自觉批判。国家主义经济学在战后几乎烟消云散。至于京都学派，河上徹太郎主持的论坛“近代的超克”（1942 年 7 月）[②]由于内容散漫，在战后几乎没有留下任何影响，但《文学界》杂志刊登的

---

① 大塚久雄:《最高度“自発性”の発揚: 経済倫理としての生産責任について》,《大学新聞》1944 年 7 月 11 日号,引自《大塚久雄著作集》第八卷，第 343 页。此外，这里的“现在如果我们不奋起”这句话来自大日本帝国海军学校的校歌《江田岛健儿之歌》的第四节:“看啊，西欧灿烂绽放的文明背后隐藏着忧虑。看太平洋啊，东亚的天空阴云密布。现在如果我们不奋进，谁人来担护国大任。”——原注

② 除了河上徹太郎以外，参加此论坛的还有西谷启治、诸井三郎、津村秀夫、吉满义彦（《文学界》1942 年 7 月号）、亀井胜一郎、林房雄、三好达治、铃木成高、中村光夫（《文学界》1942 年 10 月号）。在出版《近代的超克》时，还加入了小林秀雄、下村寅太郎、菊池正士。——原注

论文以及1943年出版的单行本《近代的超克》对战时人文科学颇有影响。以上所引大塚久雄在战争时期出版的文章，其笔调也清晰地反映出这一影响。此外，高坂正显、西谷启治、高山岩男与铃木成高在《中央公论》杂志上的座谈会[①]比"近代的超克"更早一步，试图从哲学的角度来论证"大东亚战争"时期日本的"世界史立场"，反复主张日本应在更高的"伦理性与历史性"基础上，对西洋近代文明进行扬弃。这跟德国在第一次世界大战期间涌现出的各种唯意志论的战争肯定论一样，也是自私自利的学说。但正是该座谈会奠定了"近代的超克"论调的基础，而且以上四人的基本立场从未改变，战后短暂地被开除公职又很快重返学术界，因此成为战后历史学自我确立时重要的参考坐标（或者说反面教材）。

对于战后历史学来说，京都学派的无理论性是首当其冲的批判对象。西田几多郎与和辻哲郎在京都学派创始初期曾提供了一些启迪（inspiration），但缺乏足以成为理论基础的构成力与普遍性。除了西田与和辻，京都学派——或者不妨说当时的旧制高校毕业生——共通的理论背景是

① 《世界史的立場と日本》,《中央公論》1942年1月号;《東亜共栄圏の倫理性と歴史性》,《中央公論》1942年4月号;《総力戦の哲学》,《中央公論》1943年1月号。——原注

新康德主义，尤其是李凯尔特的《文化科学与自然科学》[①]以及《历史哲学》[②]，但这些著作并未成为日本历史研究的直接指南。

在研读李凯尔特、文德尔班、马克斯·韦伯的基础上，同时摄取了马克思辩证唯物主义与狄尔泰及海德格尔思想的三木清曾经有机会为京都学派奠定理论基础。然而三木在 1930 年因违反治安维持法遭到逮捕，被判有罪后失去了教职。而且三木建构性与理论性很强的学术风格或与京都学派不相容。1933 年，三木出版《危机中人的立场》（铁塔书院）后，逐步开始参与关于时局的讨论，在 30 年代中期加入近卫文麿主导的昭和研究会。在昭和研究会中，三木倡导多文化、多民族的“协同主义”，与将日本置于顶点、以等级秩序进行统合的大东亚构想形成对抗。然而，三木的想法与蜡山政道倡导的“东亚协同体”论一样，由于对亚洲的认识不像东畑精一与尾崎秀实等人那样冷静透彻，不免流于观念层面上的“协同”论。三木的大著《历

① リッカート：《文化科学と自然科学》，近藤哲雄译，東京：大村書店，1920（译者按：中文版参见李凯尔特：《文化科学与自然科学》，李超杰译，商务印书馆，2020）。——原注

② リッケルト：《歴史哲学》，田邊重三译，東京：大村書店，1922（译者按：中文版参见李凯尔特：《李凯尔特的历史哲学》，涂纪亮译，北京大学出版社，2007）。——原注

史哲学》(1932)可谓是当时的前沿思想，但未能成为后世历史研究的理论基础。随着战时体制逐步建立，昭和研究会于1940年被迫解散，三木的活动范围也受到极大的限制。在《技术哲学》(1938)与《构想力的理论·第一》(1939)付梓以后，他仅出版了一些启蒙读物，如《亚里士多德》《苏格拉底》《哲学入门》《哲学笔记》《续·哲学笔记》《读书与人生》《学问与人生》等。由此可见，不论是"近代的超克"，还是"世界史的立场与日本"，铃木成高等京都学派理论家鼓吹的东西始终未能找到可以依靠的理论根基，最终流于迎合时局的历史论。

不过以上特征并非京都学派特有的弊病。三木自身在昭和研究会发表的《新日本的思想原理》以及《新日本的思想原理续编：协同主义的哲学基础》也不能免此弊病。而且，大塚久雄在战时发表的文章也清晰地显示出，受时局所限，在战时的思想世界中从事具有理论基础的历史研究极其困难，甚至是不可能的。

2. 战后

因此，对战后历史学与比较经济史学派来说，首当其冲的批判对象就是在战时提供了迎合时局之学说的所有学者,包括他们自己在内。其中最直观的例子还是京都学派。

譬如铃木成高在被开除公职后，很快恢复教职，1950年出版了《工业革命》一书。在此书中，铃木基本没有改变之前的立场，反复批判西方近代化。根据铃木的论点，机械文明不可避免地会造成人的异化、恐慌与失业、劳动问题、贫民窟与贫困等一系列社会问题，这就是工业革命在文化史方面的意义。而且，此“工业革命尚未结束，（中略）是尚未完成的革命，是不会终结的永久革命，这就是18世纪末以来发生在人类身上的工业革命之本质”，铃木并没有将工业革命与生产力发展、资本主义的确立联系在一起，而是试图在机械文明导致的弊病与灾难中洞悉其本质。铃木明确拒绝讲座派理论以及战后历史学的立场，二者试图在资本主义发展史的进程中来理解工业革命。他写道：“对于机械文明，目前存在盲目崇拜与败北的诅咒两种立场。当然，现在的我们不会天真乐观地相信，通过发明更多的机械就能拯救机械文明带来的各种弊病。”“但是，我们也不能认为，将机械文明的恶果转化成资本主义的恶果，就能够解决问题。（中略）一直以来，人们认为工业革命与资本主义合而为一，是不可分割的概念，是时候深刻反省这种共识了。”“如果以为用社会主义替换资本主义，就能解决机械文明带来的一切弊病，这就太天真了。

换了看门狗，狼也不可能变成羊。”[①] 当然铃木对工业革命–机械文明的批判也毫无理论基础，这不过是在抗拒讲座派与战后历史学在生产力的发展、工业革命、资本主义之确立的理论关联中探讨近代的努力（即所谓“近代的超克”）。但正是通过这类战后出版的著作，本已是战前与战中遗物的京都学派在战后得以复活。这极大地刺激了战后历史学的批判意识。

战后历史学有机地继承了马克思、列宁、韦伯等人的理论传统，以此为自身认识论的基础。这本身当然得益于战前的讲座派，以及战时大塚久雄、大河内一男等人的不懈努力。另外，战后各个领域都呈现出对理论的高度重视，这给日本一直以来的历史研究打开了新的局面。上述理论也给读者们提供了“生产力（社会分工）的发展 → 工业革命 → 资本主义的诞生 → 近代市民社会的成立”这样一幅历史图景。正好与战败时大多数读者追求的历史观一致。根据从生产力的提高到市民社会的成立这一发展轨迹，从

① 鈴木成高:《產業革命》，東京：弘文堂，1950，第 11、209 页。另外可参见馬場哲、小野塚知二编:《西洋経済史学》，東京：東京大学出版会，2001，第四章；山之内靖:《ポスト現代の社会科学と「神々の闘争」：馬場哲·小野塚知二編『西洋経済史学』をめぐって》,《歴史と経済》第 45 卷第 1 期。——原注

明治到战前的日本发展不足且不平衡，这导致了日本的战败。这是当时的人们对现状的普遍认识与反省，与马克思主义提出的生产力发展史观正好完美契合。[①] 此外，战后历史学将“逻辑性”与“实证性”作为历史科学的重要前提。对“逻辑性”的强调是针对唯意志论、浪漫主义的京都学派的批判；而对“实证性”的强调是为了批判皇国史观等“非科学”的历史。如此一来，历史也可成为一门科学，可以通过逻辑与证据来理解史实（日本的弱点、资本主义与近代的真实样态）。这就是战后历史学的成功之处。

七　战后历史学与战后现实的乖离

然而，战后历史学所提供的史观与读者追求的史观之

---

① “生产力（社会分工）的发展 → 工业革命 → 资本主义的诞生 → 近代市民社会的成立”这一系列的过程，在韦伯看来绝不是美好光明的历史，而是“近代文化的合理性现在已变成‘铁笼’，以‘无法逃脱的力量凌驾于人类之上’”。然而大塚久雄与大河内一男对这一点始终不理解（抑或是有意忽视），在战后历史学的语境中将韦伯塑造为近代的赞美者。参见山之内靖：《マックス·ヴェーバー入門》，東京：岩波書店，1997。或许这不仅是对韦伯的解读问题，而是反映了他们对近代产业社会中生产力发展的向往。不仅是大塚与大河内，山田盛太郎也有类似倾向。如果说京都学派是毫无理论地追求“近代的超克”，那么战后历史学的先驱者们则是从理论的视角仰望近代生产力与其人性基础。——原注

间的完美契合未能持续多久。历史研究者很快就追不上读者的史观变化了。追不上是因为历史研究者轻视，甚至无视史观问题——包括自身的史观与读者的史观，将历史视作一门尊重实证性与逻辑性的科学，追求方法上的尽善尽美。其结果是,战后历史学在历史的认识论及方法论方面，的确锻造出了历史的哲学基础（工具），但疏于思考历史的本质、目标与意义，这就形成了“实证主义史学”的隐患，历史研究者意识不到自己与读者史观的乖离，导致问题被搁置。

1. 分水岭

在现实中，战后读者的历史认识大概在 1970 年前后发生变化，变化呈现为以下两种方式。第一种是学生与年轻劳动者对作为“铁笼”的近代社会的形式合理性、非人格性秩序、效率原则（韦伯和山之内靖关注的问题），以及其升级版——现代社会（山之内靖所说的“系统社会”与笔者提出的“介入型自由主义”概念关注的问题）——的不满。这波思潮在 1968—1969 年到达顶峰，在日本以及世界的很多地方同时爆发。在这一语境下，战后历史学以及它所描绘出的“近代”现在都成了绊脚石。读者们不再关心“近代化”以及构成“近代化”的人性基础等问题，他们现在更想主动去展望近代以后。对于这种变化，战后历史学未能给予认真的,并且是集体性的应对。更有甚者，丸山真男在尝试理解学生们的不满与异议之前，就对搅乱大学的“全共斗”表现出露骨的愤怒与厌恶。

大塚久雄在1968年从东京大学退休，因此没有亲身经历东大纷争。但他很早就感到了征兆。石崎津义男是大塚久雄口述回忆录（从1962年在研究生院开设韦伯著作相关的研讨课到1967—1968年前后）的编者，他曾经这样回忆道：

> 说到 Sinn des Todes（死之意义）时，大家都很认真地倾听大塚的话。他们中大多数都是（研究）马克思的学生。/ 1967年是《资本论》第一卷出版一百周年纪念。当时大塚向学生提议，在课上讲《资本论》吧。学生说不想学马克思，想让他讲韦伯。问想学韦伯的哪方面，学生说要上《宗教社会学》。/ 在讲韦伯的研讨课上，说到理念推动了历史的发展，学生们兴趣盎然。马克思并没有否定理念在历史中的重要性，但他们所学到的马克思与历史中的理念无关。而且学生说，教马克思主义的老师，上课太无聊了。差不多从那时起，学生中参加创价学会、统一教

会活动的人开始增加。东大生协和本乡校区周围的书店里，畅销书的类型也变了。/看到这些变化，大塚认为学生其实并没有什么行动原则。如果有野吕荣太郎那样的人物，或许能自己构想出新的理论吧……他当时是这么想的。/对于学生们所抱有的问题，不少老师在别的层次做过说明。这些说明本身并没有错，但学生的问题是另一个层次的问题，而且他们自己无法表达出来。结果学生的不满与沮丧高涨，导致了暴力。这是大塚的想法。/东大原本就有老师和学生彼此疏离的倾向。战前的京都大学提供了场所，让教授和学生可以一起畅所欲言。战后的一桥大学，周围的咖啡店也都是这种场所。如果没有自由交流的平台，学生和老师之间就会出现鸿沟。/在东大经济学部，隅谷三喜男担任学部长时，曾经试图搭建这种交流平台，但以失败告终。/大塚一直很担心，如果学生与老师之间的鸿沟越来越大，将会十分危险。[①]

---

① 石崎津義男:《大塚久雄　人と学問　付　大塚久雄『資本論講義』》,東京:みすず書房,2006,第111—113页。关于大塚对学生的期待,参见大塚久雄:《大学紛争に思うこと（東大問題の核心）》,《世界》第278期，1969年1月;恒木健太郎:《「思想」としての大塚史学:戦後啓蒙と日本現代史》,東京:新泉社,2013,第371—374页。——原注

（/为原文换行处）

除了一般的读者，大学本身的处境也已经发生了明显的变化。但是，身在其中的人们不能很好地将其表达出来。对当时的学生产生巨大影响的是批判“系统社会”与“介入型自由主义”[①]的各种左翼言论。但此类左翼言论跟“系统社会”与“介入型自由主义”同根，都来源于“你的幸福我知道”这种多管闲事的思想。因此，这一时期的不满与异议注定会以失败告终。这不是因为缺乏“能构想出新理论”的野吕荣太郎式的人物，而是因为当时需要一种理论，用不同于马克思、列宁、毛泽东的方式重新构建自由与主体性在现代的新可能性。但在上述时期，这种理论未能出现。战后历史学所提供的历史图景，包括封建制（前近代）向资本主义（近代）转型过程的断裂、前期资本-乡绅与产业资本-中产生产者阶层的二元对立、西欧近代的普遍性及其人性基础等各种概念，对于站出来反抗的人

① 关于“介入型自由主义”，参见小野塚知二编：《自由と公共性：介入的自由主義とその思想的起点》，東京：日本経済評論社，2009；小野塚知二：《日本の社会政策の目的合理性と人間観：政策思想史の視点から》，《社会政策》第3卷第1期（2011），第28—40页；小野塚知二：《経済史：いまを知り、未来を生きるために》，東京：有斐閣，2018，第十九章。——原注

们来说太过简单，无法解释他们所感到的社会的不合理，其问题出在何处。①

读者史观的第二个变化来得更早。1964年，世界时速最高的东海道新干线正式通车，东京迎来了奥运会；1970年，世博会在大阪开幕。对于亲历过这些的人来说，他们切切实实地感到，“生产力的发展 → 工业革命 → 资本主义的诞生 → 近代市民社会的成立”这一课题，通过战后卓绝的努力，好像在不知不觉中已经完成了。高速铁路原本在对美英开战前就已列入规划，东京奥运会与“纪元二千六百年纪念日本万国博览会”原定在1940年召开。当这些中止了的项目在四分之一个世纪后终于得以实现时，“近代化”作为历史研究的课题，其现实性（actuality）就大打折扣了。相比而言，“近代”以后的进步与发展更受注目。或者如铃木成高所指出的，解决西方近代工业文明的弊病才是需要关注的新课题。这一风潮在20世纪60年代的蔓延十分明显。

在此情形下，战后历史学一直十分重视的“近代化”及近代化的人性基础问题，成了业已达成，或者说“毕业”

---

① 参见馬場哲、小野塚知二编：《西洋経済史学》，序论；山之内靖：《ポスト現代の社会科学と「神々の闘争」：馬場哲·小野塚知二編『西洋経済史学』をめぐって》。——原注

的科目。永远不肯承认读者已经“毕业”的战后历史学不再被当作受人尊重之师，而被看成抱残守缺、不能与时俱进的教条，甚至是学术上讨人嫌的东西。对于读者的“毕业”问题，战后历史学的确缺乏认真的，而且是集体性的反省。在大塚久雄门下的学者中，比如吉冈昭彦、冈田与好、毛利健三等人，很多人不再执着于封建制向资本主义转型的时期，而是迅速将研究对象扩大到之后的时代（工业革命、自由贸易帝国主义、经济自由主义、帝国主义、福利国家等）。这或许可以看作是他们对“毕业”问题的一种应对方式。上述研究也的确提供了比转型期更接近“现在”的题材，经济自由主义与福利国家的相关研究在当下的问题群中也经常出现。然而，“毕业”后的读者所期待的是另一种历史。

2. 战后历史学的结局与印记

要想知道“毕业”后的读者有什么样的偏好，以下就管见所及列举20世纪70年代以后人气比较高的一些历史著作。

石井進：《日本中世国家史の研究》，東京：岩波書店，1970。

喜安朗:《革命的サンディカリズム：パリ·コミューン以後の行動的少数派》，東京：河出書房新社，1972。

阿部謹也:《ハーメルンの笛吹き男：伝説とその世界》，東京：平凡社，1974。

網野善彦:《蒙古襲来》，東京：小学館，1974。

樺山紘一:《ゴシック世界の思想像》，東京：岩波書店，1976。

喜安朗:《民衆運動と社会主義：ヨーロッパ現代史研究への一視角》，東京：勁草書房，1977。

良知力:《向う岸からの世界史：一つの四八年革命史論》，東京：未來社，1978。

網野善彦:《無縁·公界·楽：日本中世の自由と平和》，東京：平凡社，1978。

角山栄:《茶の世界史：緑茶の文化と紅茶の社会》，東京：中公新書，1980。

喜安朗:《パリの聖月曜日：19 世紀城市騒乱の舞台裏》，東京：平凡社，1982。

川北稔:《工業化の歴史的前提：帝国とジェントルマン》，東京：岩波書店，1983。

角山栄:《時計の社会史》，東京：中公新書，

1984。

良知力:《青きドナウの乱痴気: ウィーン一八四八年》, 東京: 平凡社, 1985。

川北稔:《洒落者たちのイギリス史: 騎士の国から紳士の国へ》, 東京: 平凡社, 1986。

網野善彦:《異形の王権》, 東京: 平凡社, 1986。

角山栄:《辛さの文化甘さの文化》, 東京: 同文館出版, 1987。

阿部謹也:《中世賎民の宇宙: ヨーロッパ原点への旅》, 東京: 筑摩書房, 1987。

石井進:《鎌倉武士の実像: 合戦と暮しのおきて》, 東京: 平凡社, 1987。

川北稔:《民衆の大英帝国: 近世イギリス社会とアメリカ移民》, 東京: 岩波書店, 1990。

可以一目了然地看出，最受关注的并不是封建制向资本主义转型的时期（即近世及早期近代），而是这之前的中世纪史研究，其中尤其受到瞩目的是民众史研究。读者所痴迷的并不是必须达到的目标——近代，以及向近代转型的过程，而是转型以前的、与现在截然不同的社会的风貌。到20世纪80年代前期为止，喜安朗与良知力等人将注意力集中到民众运动史上。这是因为，传统的经济史研究认为，生产力的发展足以对社会的上层建筑做出说明。而民众运动史试图发现民众的主体性，从这一切入点来解释上层建筑。这一倾向可被认为是受到了20世纪60年代末爆发的思潮的影响。由此可见，在战后历史学退潮后，从时代与研究对象（关注人与社会的哪些方面）来看，中世纪史、民众史、社会史、文化史、消费史这些战后历史学曾经的真空地带开始受到欢迎。那么我们大致可以认为，七八十年代的读者所追求的正是这些方向的历史。不过，如果认为这些历史研究完全捕捉了读者的史观，也不尽然。20世纪90年代以后，日本的历史学界呈现出衰落的趋势。可见日本的历史研究还做不到稳定地与读者的史观变化保持接触。

八　战后历史学的衰退与历史的哲学基础

1. 趋于精细的战后历史学

以1970年前后为分水岭，在这之后，战后历史学立足于战时以来的史观，试图呈现从封建制（前近代）到资本主义（近代）的转型过程，逐渐在理论性、实证性与逻辑性这几个方面都变得高度精细。其结果是，正如藤原定家将从飞鸟时代到镰仓时代的和歌传统融会贯通后不断创作一般，如果不完全掌握经济史的研究积累——从马克思、韦伯、列宁到山田盛太郎，经过大塚久雄、高桥幸八郎、松田智雄，一直到 20 世纪 50 年代以后陆续产生的各类历史研究——就无法开始任何历史研究，俨然成了一个自说自话的世界。而且，除了必须根植于漫长的研究史传统，对于战后历史学来说，保障历史学之科学性的首要条件就是实证性。是否使用了原始史料与统计数据，成为评价历史研究的重要因素，而这些并非读者所关心的问题。“大幅提升了某某领域的实证水平”云云，至今仍然是评价历史研究的惯用语。这种像新古今和歌集一样曲高和寡的（而且从读者切实关注的角度看来十分无趣的）历史，逐渐疏远了读者。在新古今的时代，为了和歌作家而创作的和歌虽然技法高超，但对和歌作家以外的普通人来说，作为表演艺术的和歌迅速失去了娱乐性与趣味性，和歌于是走向衰落。之后，符合五七五韵律的文字游戏虽然不至于完全消失，但形式已经从和歌变成了连歌、发句、俳谐等新的艺术。同理，战后历史学也在 20 世纪 70 年代以后带有了新古今般的色彩，陆续出现了相当于连歌、俳谐的新的历史叙述范式。

在技艺方面，战后历史学的确是在不断进化。但是，由于忽视了读者想要知道什么、想要以何种方式知道，技艺不断进化的战后历史学就像新古今和歌一样，离读者越来越远。我们需要冷静思考一下，政治经济学经济史学会[①]这种曾经主导战后历史学的学术团体，其会员的著作到底有多少人读呢？去书店的历史类图书专柜看一下就知道了。摆出来的除了应试的历史类参考书以外，不是池上彰、佐藤优写的大众科普，就是井泽元彦《逆说日本史》之类的读物，基本全是鼓吹自由主义史观（或者“自虐史观”抨击论）的出版物。不光是上述学会的会员著作，但凡是兼备实证性与逻辑性的严肃历史类著述，初版印七百册，几年内能卖出去就了不起了。这就是出版业的现状。[②]

---

① 政治经济学经济史学会是日本经济理论与经济史研究的代表性学术团体之一。学会于 1948 年 6 月 26 日以大塚久雄为中心成立，最初名为“土地制度史学会”，2002 年变更为现在的名称。——译者注

② 讲座派与劳农派之间、大塚史学与宇野派之间，或大塚史学与角山荣、川北稔之间曾经有某种龃龉和对立，但越过这一层面，现在的历史学研究本身已陷入一种结构性的不景气。七八十年代，角山荣曾经拥有众多读者，但一直到晚年，角山对大塚史学一直抱有阴暗的怨念（参见角山栄:《後歴史学は何故不毛の荒野と化したか「大塚史学」との闘い:「コミンテルン」史観をウェーバーで割って薄めた「史学」が戦後日本を支配した》,《歴史諸君！》〔《諸君！》2002 年 5 月临时增刊号〕)。这或许是因角山试图凌驾于大塚史学之上，结果却未能成功，对此怀恨在心。“对批判的一方来说，不骂倒大塚史学

初版七百册，其中作者自己赠书送出去一两百册，一两百册藏在全国主要大学的图书馆，读者自己花钱在书店（包括网上书店）买的最多几百册，剩下的几年后就会作为不良库存被废弃。

当然不是说撰写与出版这类历史研究著作是毫无意义的。哪怕只有几个读者，当他们带着真正的兴趣阅读时，这些著述或许能带给他们一些启发。而且它们也的确能够提高该领域的实证水准，百年后或许会有人再次发现这一成果。但是，世上不光有这类历史研究。这类严肃的史学著述到不了大多数读者手中，到了他们手中的是一种完全不同的“历史”。更有甚者，在地方的政治活动及舆论诱导下，这种“历史”进入教科书与参考书，学生学到的就是这种“历史”。最终的结果是，反省与谢罪缺席，对南

似乎就无法确认自己学说的意义，但对拥护的一方来说，则拒绝从正面接受这些批判”（馬場哲、小野塚编:《西洋経済史学》，第1页），于是陷入了这种毫无建设性的局面——用山之内的话来说就是“对思考的怠慢以及缺乏思考的张力”（山之内:《ポスト現代の社会科学と「神々の闘争」：馬場哲・小野塚知二編『西洋経済史学』をめぐって》）。这种本应被克服的状况，不仅未见改善，甚至历史学自身的处境也逐渐空洞化。角山在回顾时表达了自己的后悔（“连能回应国民期待的历史论争都没能掀起。”《歴史諸君！》，第48页）。不过在这里，角山具体提到的是“‘亚细亚的时代’研究”与“日本的作用”，不能否认带着一些六十年前“近代的超克”回光返照的感觉。——原注

京大屠杀以及关东大地震期间的虐杀惨案拒不承认的“存在否定论”甚嚣尘上。

对历史研究来说，符合实证性与逻辑性等标准当然很重要。但这并不表示，我们就可以坐视读者远离严肃历史读物，让粗制滥造的“历史”与“历史教育”大行其道。我们不该为自己败给了这种“历史”找借口。

2. 意识形态与历史研究的自由

关于历史学的社会责任，近年来最深刻、最宏观的探讨是迟塚忠躬的《史学概论》。迟塚认为，“历史学的目的与功能（即历史学家的职责）”在于“通过自己的不断思考启发读者思考”，并且反复指出，“历史学的目的不在于将读者引向具体的终点”。迟塚写道：“我认为在从事历史研究时，有必要与既存的意识形态［具有政治或社会意义和功能的特定世界观］**保持距离**（不受其影响）。理由很简单。如果说历史学的目的是启发读者去思考，那么研究者自身不依赖任何既存的意识形态的思考就是研究的首要前提。”

跟三木清一样，迟塚从根本上肯定历史研究是具有某种意识形态性的。在此基础上，他要求对于既存的特定意识形态保持距离。他认为，对于既存的意识形态“**不应**

去寻找大同，而**应该突出‘小异’**”（强调均为原文所加），强调这种距离感。

作为以史实为根本出发点的史学家，迟塚对抹杀“不光彩”的过去的“存在否定论”横行的状况感到担忧。但是他坚决反对法律（国家权力）基于某种特定的既存意识形态干涉历史研究、禁止“存在否定论”（如法国的“历史记忆法案”〔lois mémorielles〕），支持“为了历史研究的自由”（Liberté pour l'histoire）声明（2005年12月13日法国《解放报》刊登的十九名历史学家的联合声明）。迟塚写道：“这是因为，首先，在公共空间的自由讨论中，证伪的可能性是一个重要基准。我认为在公共讨论中证明‘大东亚战争’肯定论的虚妄是非常容易的事情。此外，只要日本的广大读者没有陷入夜郎自大的弊病，尚未遗忘战争的灾难与日本近代史的教训，就不会被‘大东亚战争’肯定论洗脑。（中略）如果说历史学的重要功能之一是深化我们‘社会意义上的自我认识’，那么如果我们能对深化这种谦虚的自我认识做出贡献的话，就算是尽了历史学的社会责任了。历史学的社会责任，不多不少就在于此。”[①]

① 遲塚忠躬：《史学概論》，東京：東京大学出版会，2010，第461页。——原注

在历史学家的社会责任问题上，以及“存在否定论”的虚妄性方面，笔者认同迟塚的立场，主张应该确保“历史研究的自由”。[①]但笔者认为，迟塚与三木犯了同样的错误，即对读者史观的轻视。正如历史研究者的史观不是从白纸一张的状态形成，而是必定受到研究者生长的社会环境所影响一样，读者的史观也不是白纸一张。根植于某种特定的意识形态，“大东亚战争”肯定论与“存在否定论”首先以社会运动的方式出现，其次作为商品进入流通，最后通过地方自治体的权力手段强加到教育领域。这种情形下，在“证伪的可能性是其重要基准”的“公共的自由讨论”中，要“证明‘大东亚战争’肯定论的虚妄”根本不是容易的事。费力去谈证伪的可能性与公共的自由讨论，对于被上述史观洗脑的读者来说冗长难解，其内容也并不是他们想听的历史，所以完全是不可能的事情。他们只想脱离所谓的“自虐史观”，通过谩骂它来得到心理安慰。“日本的广大读者”中，已经有不少人“陷入夜郎自大的弊病”，被诱导至“遗忘战争的灾难与日本近代史的教训”的方向。

① 参见野村剛史、小野塚知二:《イラク拉致事件とメディア·バッシング》，イラクから帰国された五人をサポートする会編:《いま問い直す「自己責任論」》，東京:新曜社，2005，第171—201页。——原注

正如迟塚相信的那样，或许战后历史学的“目的不在于将读者引向具体的终点”，但是以各种巧妙的方式诱导读者们抛弃“自虐史观”的“自由主义史观”，却在日本的地方议会，甚至国会，对为数不少的议员产生着影响。日本的首相与阁僚居然公然宣称《教育敕语》也有可取之处。在这种情形下，“只要尚未遗忘战争的灾难与日本近代史的教训，就不会被‘大东亚战争’肯定论洗脑”，这一前提下的历史教育眼看着就难以维持了。如果以为现实就是“白纸一张的读者只读严肃的历史著作以启发自己的思考”这种牧歌般的情形，那就大错特错了。

在“自虐史观（学校所教的史观）”抨击论以及日教组批判等反学校文化的背景下，“大东亚战争”肯定论以反权力的面貌出现，接近读者并诱导读者的历史认识。在目前的情况下，迟塚那种认为不必在意读者的史观，只要延续平静的实证性历史研究，启发读者思考即可的想法，在笔者看来，作为历史哲学的基础，实在是太天真、太乐观了。史学著述只有被人阅读才能发挥功能。因此，如果不了解读者的阅读期待，一味追求历史研究的实证性与逻辑性，就无法承担历史学的社会责任。这就是本节的中心思想。

九　为了向有读者的历史转型

抨击“自虐史观”、肯定“大东亚战争”或者否定战争存在的言论，首先，正如迟塚所指出，在事实上立不住脚；其次，这类言论中还分出一个派别，声称欧美列强与战胜国也曾经有殖民地统治、大屠杀和从军慰安妇等恶行，企图粉饰日本不光彩的过去。这从道义的角度也是说不通的。因此，无论理解与迎合读者史观的必要性有多么迫切，也绝不能与上述言论同流合污。我们需要在实证、逻辑与道义的基础上，了解读者的史观，并且对其做出回应。无视读者的史观是不具备任何正当性的。

十　“近代化与产业化的历史关联”：抛弃“近代”的经济发展的可能性

在《共同体的基础理论》出版大约十年后，大塚久雄发表了《近代化与产业化的历史关联：从比较经济史学的视角出发》[①] 一文，论述了近代化、产业发展与前近代共

① 日文版首先发表于《経済学論集》第 32 卷第 1 期（1966），第 1—10 页，后收入《大塚久雄著作集》第四卷，東京：岩波書店，1969，第 273—292 页。该文最初为英文，参见 ŌTSUKA，Hisao，“Modernization

同体之间的关系。从今天的视点来看，这篇文章是在暗示，即使没有封建制与资产阶级变革，即使不具备自由、民主主义、人格等各种近代特有的价值取向，也能够实现经济发展。而且，该种情形比近代民主体制能更高效地实现产业发展与经济成长。

“近代化”（modernization）这个词在这里的意思是，支撑着传统社会体制的各种制度解体，近代社会（或产业社会）在此基础上形成的过程。因此，它的含义不是个人单纯地脱离（或者部分脱离）形成传统社会的各种制度，而是涵盖各种制度的社会体制本身经历解体与再造。然而，在此情形下有两个问题必须附带加以说明。（1）如上所述，在“传统社会”这一包罗万象的概念中，不仅仅包含前近代社会体制的各种形式（各种阶段与各种类型）。传统社会最终解体后形成的近代社会（或者产业社会），其体制形式也不可能是同一个模式。因此，这里所说的“近代化”，当然包含西欧诸国在近代化过程中，从“封

Reconsidered”, *The Developing Economies*, III/4, Institute of Asian Economic Affairs, 1965, 第 387—403 页。——原注

建制向资本主义的转型”，但其内涵比这一点更加广阔。(2) 一般来说，传统社会肯定建立在某种形式的前近代共同体制度的基础上。所以，这里所说的“近代化”也包括共同体各种制度的最终解体过程，而不是从前近代共同体的一种形式过渡到另一种形式。这一解体过程是“近代化”的基础阶段之一。[①]这一点要特别记住。

其次，“产业化”(industrialization) 这个词，我理解为工业的各个领域逐渐过渡到由营利企业 (business) 来经营的过程。**这首先意味着**，工业生产不再是与社会**体制**直接关联的现象，个别的生产活动开始带有营利企业或者经营的性质，不仅其规模逐渐扩大，而且这一现象在各个产业领域得到普及。[②]

① 形成传统社会之基础的是前近代共同体。它的基本形态根据传统社会之体制形态的不同，呈现为多种多样的样貌，有些是部落（或者氏族），有些是城市，还有一些是村落。虽然具体情况极其复杂，但它们之间共通的特点是，某种前近代的土地保有关系形成了经济的框架。详情可参见拙著《共同体的基础理论》(岩波書店，1955)；以及本著作集第七卷。此外，Bert F. Hoselitz、Wilbert E. Moore 编，*Industrialization and Society*, Unesco-Mouton, 1963, 第一章 (Hoselitz 撰) 也提到了该问题。——引文原注

② 也有观点认为，“产业化”仅仅意味着脱离传统社会。但是，这种情况下，如果脱离传统社会明确意味着传统社会体制的解体，那么“产业化”就跟刚才说的“近代化”的词义完全相同，我在本文中提起

关于这个词也需要附带说明以下两点。（1）众所周知，在“产业化”中，工业取代了农业，成为优势产业。从这个意义上来讲，叫作“工业化”也无妨。这里所说的“产业化”充分注意到了上述潮流，指的主要是在各种产业中，工业领域率先转型为营利企业（business），以经营的方式来运转的现象。因此，如果农业也作为生意来经营的话，也属于“产业化”。（2）如上所述，“产业化”意味着各式各样的生产活动逐渐具有营利企业（business）或经营性质的过程。因此，它必然以某种形式的货币经济和商品流通（或者商业）的存在为前提，并且其自身也体现为货币经济与商品流通（或者商业）的扩充。如果这一过程对传统社会的自然经济来说，是**从外界**介入的话，“产业化”与“商业化”所带来的影响**目前**来说是一样的。（中略）

的问题就彻底没有意义了。但是，如果脱离传统社会意味着在传统社会体制仍延续的情况下，某些产业部门开始向营利企业（business）转型，形成传统社会部分解体（即二元经济！）的局面，情况就完全不一样了。而且“产业化”这个词很多情况下指的是后一种情形。另外，虽然“人均国内生产总值”这个概念在衡量“产业化”程度时是非常有效的工具之一，但我在本文中提出的问题不是从这里来的。此外，从上述这一点也可理解，通常被译为“工业化”的“industrialization”，在这里为何专门译成“产业化”。——引文原注

那么，把用语的前提解释完毕后，现在我想再深入探讨一下之前提到的问题，即“近代化”与“产业化”之间的关系应该如何理解呢？当然可以认为，二者为同一现象的正反面。西欧的近代社会也被称为“产业社会”（industrial society），因为在世界历史上，最早实现近代化的西欧诸国同时也以最彻底的方式完成了产业化转型。如果我们立足于这一事实，那么上述理解看上去似乎没错。可是这种理解真的是绝对正确的吗？再说得详细一点，大致如下。西欧各国（尤其是英国、法国、荷兰、美国）在“产业革命”——或称为经济“腾飞”（take-off）也行——之前，已经明显出现了具有近代化色彩的**社会体制结构的变化**，为产业革命的发生奠定了基础。从这一系列事实来看，或许的确可以说，近代化必然会引起产业化，并且近代化的进程也以产业化作为基础。但是我想问的是，如果反过来如何？即产业化必然会引起近代化，并且产业化的进程也以近代化为基础——这样说成立吗？

刚才说到，如果考虑到西欧诸国在社会体制结构明显发生了近代化指向的转型后的一系列情况，那么至少在上述语境下是可以这么说的。但这一命题在其他国家和其他时代，也是放之四海而皆准的吗？更详细地说的话，即使是西欧诸国，在现在所谈论的时代之前被称为传统社会的时代，或者在其他国家的传统社会中，可以断言产业化必然引起近代化，并且与近代化相辅相成吗？对于这个问题，我总觉得答案是否定的。

大塚久雄这篇文章涉及的问题群首先是，在“从封建制到资本主义的转型”以外，是否有其他途径可实现近代化。封建制以外的生产方式——大塚在《共同体的基础理论》中，将共同体的类型与其所对应的生产方式看作是相继出现的，因此称其为“封建制之前的生产方式”也无妨——是否会转型为资本主义以外的近代生产方式（或许是某种形式的社会主义）呢？大塚在此处专门写明自己持保留意见。在《共同体的基础理论》中，大塚强调的一大要点是，与封建制相对应的日耳曼共同体的解体是原始时代以来共同体自身的最终解体；在这之前，亚细亚共同体与古典古代共同体的解体不意味着共同体自身的解体。如果是这样的话，那些不曾经历过日耳曼共同体，而直接进入近代化的社会，会一边残存着共同体的某些特质（即构成传统社会体制的各种制度尚未解体的情况），一边实现“近代化”，出现形式逻辑上的矛盾局面吗？

在日本，早在2007年，当人格、自由、自律等近代已经实现的价值就要被轻易超越的时候，安藤馨曾经试图将统治者的“功利主义自由主义”的思想正当化。这种“人格灭亡后的自由主义”构想是对某种统治者也不得不遵守的前近代规范体系的回归，同时也展示了一种超近现代的可能性——听起来绝不是一种美妙的、充满了梦想与希望的可能性。2008年，伊藤计划把该主题改编成科幻小说，最终探索出的解答让人联想到原始佛教涅槃般的意识消失。[①]

从前近代，经历共同体的最终解体，转型为近代。大塚久雄留下的上述“理想”，现在伴随着他自己也未曾预想到的样貌，在我们面前展现出它的问题性。“近代化与产业化的历史关联”，或者说在人格、自由、自律缺席的情况下，是否能实现经济发展这个问题，对于实现了近代化、号称“拥有共同价值观”的日本与欧美诸国来说仍具有意义。“近代人”这一课题是否有可能完成或者说“毕业”

---

① 安藤馨:《統治と功利：功利主義リベラリズムの擁護》，東京：勁草書房，2007；伊藤計劃:《ハーモニー》，東京：早川書房，2008。——原注

呢？这是我们今天仍然面临的问题。[①] 对于将上述问题当作自己的切身问题来看的读者，希望本书能够提供一些思考的线索。

参考文献[②]

石崎津義男:《大塚久雄 人と学問 付 大塚久雄『資本論講義』》，東京：みすず書房，2006。

梅津順一、小野塚知二编:《大塚久雄から資本主義と共同体を考える：コモンウィール· 結社· ネーション》，東京：日本経済評論社，2018。

大塚久雄:《経済倫理と生産力》，《経済往来》1943 年第 19 期。

大塚久雄:《最高度“自発性”の発揚——経済倫理としての生産責任について》，《大学新聞》1944 年 7 月 11 日。

大塚久雄:《大学紛争に思うこと（東大問題の核心）》，《世界》第 278 期，1969 年 1 月。

① 关于“近代人”这一课题是否能够完成，参见梅津順一、小野塚知二编：《大塚久雄から資本主義と共同体を考える：コモンウィール· 結社· ネーション》，東京：日本経済評論社，2018，第 56—57 页，以及注 4。——原注

② 除《大塚久雄著作集》外，本文主要参考了此处所列参考文献。列表中以外的参考文献见注释。——原注

大塚久雄著，小野塚知二编:《共同体の基礎理論 他六篇》，東京：岩波文庫，2021。

小野塚知二、沼尻晃伸编:《大塚久雄『共同体の基礎理論』を読み直す》，東京：日本経済評論社，2007。

小野塚知二编:《自由と公共性：介入的自由主義とその思想的起点》，東京：日本経済評論社，2009。

小野塚知二:《日本の社会政策の目的合理性と人間観：政策思想史の視点から》，《社会政策》第3卷第1期，2011，第28—40页。

小野塚知二:《経済史:いまを知り、未来を生きるために》，東京：有斐閣，2018。

楠井俊郎:《大塚久雄論》，東京：日本経済評論社，2008。

鈴木成高:《産業革命》，東京：弘文堂，1950。

遅塚忠躬:《史学概論》，東京：東京大学出版会，2010。

恒木健太郎:《「思想」としての大塚史学：戦後啓蒙と日本現代史》，東京：新泉社，2013。

恒木健太郎、左近幸村编:《歴史学の縁取り方：フレームワークの史学史》，東京：東京大学出版会，2020。

角山栄:《戦後歴史学は何故不毛の荒野と化したか「大塚史学」との闘い:「コミンテルン」史観をウェーバーで割って薄めた「史学」が戦後日本を支配した》，《歴史諸君！》(《諸

君！》2002年5月临时增刊)，第34—50页。

野村剛史、小野塚知二:《イラク拉致事件とメディア·バッシング》，イラクから帰国された五人をサポートする会編:《いま問い直す「自己責任論」》，東京：新曜社，2005，第171—201页。

馬場哲、小野塚知二编:《西洋経済史学》，東京:東京大学出版会，2001。

三木清:《歴史哲学》，東京：岩波書店，1932。

山之内靖:《マックス·ヴェーバー入門》，東京：岩波書店，1997。

山之内靖:《ポスト現代の社会科学と「神々の闘争」：馬場哲·小野塚知二編『西洋経済史学』をめぐって》，《歴史と経済》第45卷第1期，2002年10月，第36—44页。

译者后记

亲爱的大塚教授：

德意志历史研究所（伦敦）正在筹备一场题为“马克斯·韦伯与同时代人”的国际会议。会议预计于1984年9月20日至9月23日在本所召开，旨在以韦伯为切入点，重新审视1900年前后欧洲的思想史趋势。（中略）毋庸置疑，在过去的几十年里，日本学者在马克斯·韦伯研究领域做出了杰出的实质性贡献。然而由于语言障碍，这些研究大多数在西方世界尚不为人所知。因此我们希望邀请您参加此次会议，发表社会政策学会（Verein für Sozialpolitik）的相关文章。①

① Wolfgang J. Mommsen to Ōtsuka Hisao, on May 3, 1984，《大塚久雄文庫》，Sh15，《書簡 1》。

1984年5月，时任德意志历史研究所（伦敦）所长沃尔夫冈·蒙森邀请大塚久雄——日本最具代表性的韦伯研究者——参加其在伦敦任期内的谢幕会议。① 或许是由于身体欠佳，大塚久雄未能参加此次盛会。1993年3月，为了让德国学术界全面了解日本学者在韦伯研究方面的深厚积累，蒙森与其弟子沃尔夫冈·施文特克在慕尼黑的卡尔·弗里德里希·冯·西门子财团（Carl Friedrich von Siemens Stiftung）组织了一次题为“日本与马克斯·韦伯”（Japan und Max Weber）的国际会议，参会者包括十二名来自德国与以色列的韦伯专家，以及十六名日本学者，囊括了大塚久雄下一辈的所有韦伯研究者。这十六名日本学者是：富永健一、嘉目克彦、金井新二、池田昭、内田芳明、田中丰治、河上伦逸、米泽和彦、折原浩、上山安敏、安藤英治、三岛宪一、德永恂、柳父圀近、住谷一彦、山

① 该会议论文集后用双语出版，德语与英语版分别为 Wolfgang J. Mommsen、Wolfgang Schwentker 编：*Max Weber und seine Zeitgenossen*，Göttingen：Vandenhoeck & Ruprecht，1988；Wolfgang J. Mommsen、Jürgen Osterhammel 编，*Max Weber and His Contemporaries*，Allen & Unwin，1987。日文译本见 W. J. モムゼン、J. オースターハメル、W. シュベントカー编：《マックス・ヴェーバーとその同時代人群像》，鈴木広、米沢和彦、嘉目克彦审译，京都：ミネルヴァ書房，1995。

之内靖。[①]

韦伯对战后日本社会科学的巨大影响从《韦伯全集》的销路上就能看出来。1984年,《韦伯全集》首先刊出的第三卷，三分之二的订单都来自日本。日本学者第一次接触到马克斯·韦伯的名字，可以追溯到1892年帝国大学的国民经济学者金井延旅德期间的学术见闻录。然而韦伯学说在日本全面开花、产生超越学术界的社会影响，则是在战后初期到20世纪70年代新左翼运动落幕这一时期。在这段“战后民主主义”的黄金期，“近代主义”的支持者丸山真男、大塚久雄、川岛武宜等日本思想家试图在日本传统的天皇、国家、公司体制与家族关系中寻找韦伯所谓“新教伦理”的对应物，探讨日本资本主义与西欧资本主义的异同。作为无教派基督徒，大塚久雄可谓是最精通马克斯·韦伯学说的战后知识分子。除了改订重译韦伯名著《新教伦理与资本主义精神》[②]，大塚还在1964年策划

---

① 此次会议论文也结集出版，参见 Wolfgang J. Mommsen、Wolfgang Schwentker 编：*Max Weber und das moderne Japan*，Göttingen：Vandenhoeck & Ruprecht，1999。

② マックス·ウェーバー:《プロテスタンティズムの倫理と資本主義の精神》(两卷)，梶山力、大塚久雄译，東京：岩波書店，1955/1962。

举办了“韦伯诞辰一百周年纪念论坛”。[①] 如本书解说中所言，大塚从 1962 年起在研究生院开设韦伯相关的课程。退休后，从 1972 年至 80 年代，他依然以立教大学为据点组织“马克斯・韦伯的会”，丸山真男、福田欢一、网野善彦等各个领域的学者经常出入于此。[②]

然而对于德国学者来说，日本学术界对韦伯的接受方式是陌生的，有时甚至是难以理解的。习惯了将韦伯与马克思置于对立面的德国学者，造出“Weber-Marxismus”（韦伯-马克思主义）来形容战后日本韦伯研究的趋势，并将这一现象类比 20 世纪 20 年代鲁道夫・希法亭（Rudolf Hilferding）身边的“市民马克思主义派（bürgerliche Marxisten）”魏玛知识分子。[③] 在大塚久雄的著作中，《共同体的基础理论》或是最鲜明地反映出这一特色的著述。[④]

---

① 《マックス・ウェーバー生誕百年記念シンポジウム》（東京大学経済学会、東京大学社会学会，1964 年 12 月 5 日、12 月 6 日），《大塚久雄文庫》，So 18。

② 关于“马克斯・韦伯的会”之详情，参见菊池壮藏：《邂逅の重畳》，服部正治、竹本洋编：《回想　小林昇》，東京：日本経済評論社，2011，第 305—313 页。

③ “Intellektuelle Schattenwirtschaft: Wer in Japan Weber sagt, meint noch immer Marx”，*Frankfurter Allgemeine Zeitung*，1989 年 10 月 12 日。

④ 众所周知，《共同体的基础理论》的写作契机是饭田贯一译出马克思的《各种形式》（マルクス：《資本制生産に先行する諸形態》，飯田貫一译，東京：岩波書店，1949）引发日本知识界围绕着“共同体”

如第一版序言所示，本书是作者1953年在东京大学研究生院开设的“经济史总论”课程讲义。是时大塚久雄刚经历过数次肺结核手术，身体虚弱，课上由诸田实宣读讲义，然后大塚做解释说明。[①]讲义持续两年，于1955年出版，在战后日本思想界引起了深远的影响。能将这部著作介绍给中文读者[②]，本人作为译者深感荣幸。本书根据2000年1月14日出版的岩波现代文库版第一刷译出，其底本为1970年5月刊行的第二版。文中方括号中的内容为2021年12月15日出版的小野塚知二氏编辑的岩波文库版编者注记。[③]第三章“共同体与土地占有的各种形式”第二节的“二十二”中，两条不同的注释在2021年以前的版本

的争论。关于当时在大塚久雄周围的师生对该论争的具体反应，参见住谷一彦：《最終講義　マックス・ウェーバーと日本：宗教と社会の普遍史的関連の視座から》（于立教大学五一二二番教室，1990年1月20日）；《学問の扉を叩く：一戦後学徒の「学問と人生」》，東京：新地書房，1991，第168—174页。

① 諸田實：《『共同体の基礎理論』の頃》，ヨーマン会编：《師・友・学問：ヨーマン会の半世紀》，大塚久雄教授演習同窓会出版（非卖品），1990，第224—227页。

② 联经出版公司（台北）曾在1999年出版过于嘉云女史的译本。该译本硬译的色彩浓重，晦涩难懂，可读性很低。且译者对马克思主义史学与日本战后思想的语境均缺乏基本了解，译本中的错误、语焉不详不在少数。本人在翻译过程中对其不做任何参考。

③ 大塚久雄著，小野塚知二编：《共同体の基礎理論　他六篇》，東京：岩波文庫，2021。

中一直被一同标为“注 27”，小野塚氏将两处分为 27a 与 27b，本译本遵循这一处理方式。

在本书的选题策划与翻译的过程中，译者有幸得到多位师友的点拨与指教，在此表示衷心感谢。帝京大学学术顾问广田功向译者指出大塚久雄在日本战后思想中的特殊地位，本是无心插柳，却成了此次翻译工作的缘起。东京大学的小野塚知二教授不仅在百忙之中抽出时间，与译者进行多次沟通后为本书撰写了解说，还在日本经济学史方面对译者多有启发。关于大塚久雄对马克思“共同体”理论的理解问题，关东学院大学渡边宪正教授提供了重要线索。[①] 恩师沃尔夫冈 · 施文特克教授指出了近代化理论与大塚和同时代日本学者之间的复杂关系[②]，并经常提醒译者要在全球视野下考察社会科学思潮的变迁。此外还要感谢大阪大学宇野田尚哉教授、关西学院大学原田哲史教授，与积极将本书引进国内的陈希颖女史。

---

① 渡边宪正指出，大塚对马克思的“共同体”概念存在一些误读，同时有混淆“Gemeinde”与“Gemeinschaft”概念的问题。参见渡辺憲正:《『経済学批判要綱』の共同体／共同社会論》，関東学院大学経済経営学会编《経済系》，第 223 集（2005），第 16—40 页。

② Wolfgang Schwentker :《比較近代化論：大塚久雄と西洋社会科学》，近藤正臣译，《聖学院大学総合研究所紀要》No. 23 别册（国際シンポジウム：大塚久雄における「歴史と現代」——没後五年を記念して——特集号），2001，第 47—63 页。

在翻译本书期间，译者供职的德国马克斯·韦伯财团（Max Weber Stiftung）提供了宽松的工作环境以及赴福岛大学查阅“大塚久雄文库”的经费。希望本书的出版能够深化中国读者对日本战后思想的理解，同时也期待原本交集甚少的中日两国的马克斯·韦伯研究能够以此为机缘展开进一步的交流。

周雨霏

2022 年 3 月

于京都西阵自宅

图书在版编目（CIP）数据

共同体的基础理论 /（日）大塚久雄著；周雨霏译．上海：上海文艺出版社，2024. -- ISBN 978-7-5321-9013-3

Ⅰ．F116

中国国家版本馆 CIP 数据核字第 202460VV30 号

版权登记号著作权合同登记图字：09-2024-0157

发 行 人：毕　胜
责任编辑：肖海鸥
特约编辑：李佳晟
装帧设计：里　易
内文制作：丝　工

书　　名：共同体的基础理论
作　　者：［日］大塚久雄
译　　者：周雨霏
出　　版：上海世纪出版集团　上海文艺出版社
地　　址：上海市闵行区号景路 159 弄 A 座 2 楼 201101
发　　行：上海文艺出版社发行中心
　　　　　上海市闵行区号景路 159 弄 A 座 2 楼 206 室 201101 www.ewen.co
印　　刷：北京市十月印刷有限公司
开　　本：880×1230　1/32
印　　张：6.75
字　　数：95,000
印　　次：2024 年 11 月第 1 版　2024 年 11 月第 1 次印刷
I S B N：978-7-5321-9013-3/F.016
定　　价：59.80 元

告 读 者：如发现印装质量问题，影响阅读，请与出版社发行部门联系调换。

KYODOTAI NO KISO RIRON
by Hisao Otsuka

Originally published in 2000 by Iwanami Shoten, Publishers, Tokyo.
This simplified Chinese edition published 2024
by Shanghai Lucidabooks Co. Ltd., Shanghai
by arrangement with Iwanami Shoten, Publishers, Tokyo